100% DELF B2 scolaire et junior
Corrigés

par
Gabrielle Bosse
Marie Cravageot
Maëla Le Corre

Ernst Klett Sprachen
Stuttgart

Table de matières

1ère édition   1 $^{8\ 7\ 6}$ | 2023 22 21

Toutes les impressions de cette édition sont inchangées et peuvent être utilisées ensemble dans un même cours.

Le dernier nombre indique l'année d'impression. Les droits de reproduction, intégrale ou partielle, de l'ouvrage sont protégés par la loi sur la propriété littéraire. Toute utilisation autre que dans les cas autorisés par la loi nécessite l'autorisation écrite préalable de la maison d'édition.

Les liens mentionnés dans le présent ouvrage ont été soigneusement vérifiés par la rédaction, sachant bien qu'ils peuvent être modifiés. La rédaction déclare ici expressément qu'au moment de la composition, aucun contenu illégal n'était identifiable sur les sites accessibles par ces liens. La rédaction n'a aucune influence sur la conception actuelle et future des sites mis en lien ni sur leurs contenus ni sur leurs auteurs. De ce fait, elle se désolidarise ici expressément de l'ensemble des contenus de tous les sites mis en lien qui auront été modifiés après la composition. Cette déclaration est valable pour tous les liens mentionnés dans le présent ouvrage.

Rédaction : Sylvie Cloeren
Conception de la mise en page : Elmar Feuerbach
Maquettiste : Eva Mokhlis, Swabianmedia, Stuttgart
Composition de la couverture : Elmar Feuerbach
Photo de couverture: Shutterstock (Arcady), New York
Impression et reliure : Elanders GmbH, Anton-Schmidt-Str. 15, 71332 Waiblingen
Imprimé en Allemagne

978-3-12-529439-4

1 ▶ Compréhension de l'oral

TRANSCRIPTION DES DOCUMENTS AUDIO

L'enregistrement comporte l'ensemble des consignes ainsi que les temps de pause entre les écoutes.
Le surveillant ne doit donc pas intervenir pendant l'écoute qui signalera la fin de l'épreuve.

DELF niveau B2 du Cadre européen commun de référence pour les langues, version scolaire et junior, épreuve orale collective.

Exercice 1

Vous allez entendre 2 fois un enregistrement sonore de 5 minutes environ.
Vous aurez tout d'abord 1 minute pour lire les questions. Puis vous écouterez une première fois l'enregistrement.
Vous aurez ensuite 3 minutes pour commencer à répondre aux questions.
Vous écouterez une deuxième fois l'enregistrement.
Vous aurez encore 5 minutes pour compléter vos réponses.
Lisez les questions.

[pause de 1 minute]

Première écoute

De la préhistoire à nos jours, comment l'homme a-t-il évolué ?

Amélie Vialet : Bonjour.

Présentatrice : Vous êtes maître de conférences en paléoanthropologie au Muséum national d'histoire naturelle. C'est vous qui allez répondre aux questions des petits journalistes de France Info Junior. Je vous les présente : Antonin, 13 ans, et Matthieu, 12 ans. Ils sont élèves en classe de 4ème. Allez, c'est parti, à toi, Antonin !

Antonin : Où est né l'Homme ?

Amélie Vialet : Ah ! alors, à cette question, évidemment, on part plutôt pour l'Afrique et pour une durée de temps assez longue, puisque finalement maintenant les fossiles les plus anciens que l'on connaît ont 7 millions d'années. Donc notre histoire commence en Afrique, il y a 7 millions d'années. Après, tout dépend de ce qu'on donne comme définition de l'homme, parce qu'il y a 7 millions d'années, ce sont de très lointains ancêtres qui ne sont pas encore strictement inscrits dans la lignée humaine. Cette ligne humaine, on la voit beaucoup mieux démarrer, mais toujours en Afrique, uniquement en Afrique pour l'instant, à partir de 2,8 millions d'années.

Présentatrice : Et justement, sur nos origines, Matthieu, tu as une question.

Matthieu : Est-ce que l'Homme descend vraiment du singe ?

Amélie Vialet : Alors, là, je suis contente de cette question ! Parce qu'il y a souvent beaucoup de confusions, c'est-à-dire qu'on peut dire que l'Homme descend d'un singe, d'un singe qu'on n'a pas encore découvert, qu'on ne connaît pas réellement, je ne sais même pas s'il faut vraiment l'appeler « singe ». En revanche, les singes que l'on connaît actuellement, les singes vivants, les singes qu'on peut voir à la ménagerie du Muséum, par exemple, ne sont pas des fossiles vivants, ne sont pas des images d'un temps passé. Ce sont des lignées qui, comme nous, ont une évolution très longue derrière eux. Et eux et nous, les chimpanzés, les gorilles et nous, par exemple, nous avons un ancêtre commun, un ancêtre commun très lointain, mais qu'on ne connaît pas dans toutes ses caractéristiques.

Matthieu : Quand on voit des hommes préhistoriques reconstitués à la télé, on est sûr qu'ils étaient comme ça ou on imagine, on ne sait pas trop ?

Amélie Vialet : Alors, ça aussi c'est une très bonne question, parce qu'en fait, ne parviennent à l'archéologue que les matériaux, on va dire non périssables, enfin ce qui peut se minéraliser, se fossiliser. Donc on perd énormément d'éléments, énormément d'informations, donc quand on propose une reconstitution d'un homme préhistorique, de nos ancêtres, forcément, on est obligé d'imaginer certaines choses, comme la couleur de la peau, comme la couleur des yeux, des cheveux ou de la pilosité. Et de ce fait, on imagine, mais ça répond à un besoin, à un besoin qu'on a finalement tous, chercheurs et grand public, qui est de rencontrer nos ancêtres.

Présentatrice : Forcément, il y a eu des changements. Antonin, tu as une question à poser là-dessus.

Antonin : Pourquoi notre visage a changé ?

Amélie Vialet : Alors, notre visage a changé mais pas uniquement notre visage. C'est vrai, ce qu'il y a d'intéressant, c'est ce face à face, c'est ça qui est le plus discriminant, mais l'ensemble de notre anatomie a changé, et c'est beaucoup plus visible sur le crâne parce que le crâne, c'est cette boîte crânienne qui renferme le cerveau. Et c'est le cerveau qui est cet organe qui a une évolution spectaculaire au cours de la vie humaine. Donc le cerveau grossit, va modifier la boîte crânienne et la résultante, c'est que la face également va se modifier.

Antonin :	Est-ce que notre corps changera plus tard ?
Matthieu :	Par exemple, six doigts ou trois jambes ?
Amélie Vialet :	Ça ne serait pas forcément très pratique. Alors là, je ne sais pas parce que j'ai pas pris ma boule de cristal, mais en tout cas, c'est sûr que nous évoluons, nous faisons des petits changements anatomiques. Mais on a beaucoup de mal en fait, quand on voit ces microévolutions – par exemple sur les dents de sagesse, beaucoup n'ont plus les troisièmes molaires, les dents de sagesse, c'est une microévolution – mais là encore, elle est aussi liée à un mode de vie, donc elle peut être restreinte à l'Europe, par exemple, ou aux pays à niveau de vie élevé. Et donc ces microévolutions ne se répercutent pas forcément au niveau de la macroévolution. Donc c'est quand même très complexe d'envisager les changements à l'avenir.
Antonin :	Est-ce qu'on pense avoir découvert toutes les différentes espèces d'Hommes ?
Amélie Vialet :	Non, justement. Depuis plusieurs années, on se rend compte que l'évolution, alors qu'on la croyait un petit peu linéaire, elle est très buissonnante. On le savait déjà pour l'Afrique, pour tous ces pré-humains que l'on connaît depuis 7 millions d'années, mais on le voit de plus en plus, même maintenant pour l'Europe, pour ce qu'on appelle la lignée néandertalienne – qui va donc quand même voir l'émergence des hommes de Neandertal bien connus – on voit qu'il y a aussi, très certainement, ce buissonnement des espèces. Donc on est certainement loin du compte, c'est-à-dire qu'on ne connaît qu'une partie de la biodiversité de ces hommes fossiles. (…)

(France Info, 19 octobre 2015)

[pause de 3 minutes]

Deuxième écoute

[pause de 5 minutes]

Exercice 2

Vous allez entendre une seule fois un enregistrement sonore de 1 minute 30 à 2 minutes.
Vous aurez tout d'abord 1 minute pour lire les questions. Après l'enregistrement vous aurez 3 minutes pour répondre aux questions.
Répondez en cochant la bonne réponse ou en écrivant l'information demandée. Lisez maintenant les questions.

[pause de 1 minute]

Rien de personnel d'Agathe Colombier Hochberg chez Pocket

Présentateur :	France Inter. Le 7/9 du week-end.
Patricia Martin :	Livre en poche avec vous, Jacqueline Pétroz. Bonjour, Jacqueline.
Jacqueline Pétroz :	Bonjour, Patricia.
Patricia Martin :	Ça va, vous êtes bien remise de votre petite escapade à Gradignan ?
Jacqueline Pétroz :	Oui, ça va.
Patricia Martin :	Vous étiez au salon du livre, vous n'avez bu que de l'eau ?
Jacqueline Pétroz :	Oui, oui, mais bien sûr !
Patricia Martin :	*Rien de personnel*, c'est donc le titre du roman d'Agathe Colombier Hochberg, dont vous allez nous parler, publié chez Pocket.
Jacqueline Pétroz :	Alors, Agathe Colombier Hochberg a un ton léger, toujours souriant pour raconter les vacances entre amis qui virent au cauchemar, les amours qui finissent sans gloire et s'éteignent comme un feu oublié. Bref, un talent pour couvrir d'un voile d'insouciance les plus douloureux moments. Une sorte de politesse du désespoir. Cette fois, il y a comme une gravité. Oh, à peine ! Mais on entend en permanence une petite musique triste derrière l'humour.
Elsa a 40 ans, elle est historienne et professeur. Divorcée, elle vit à Paris avec sa fille Louise âgée de 11 ans. Un sacré personnage d'ado, insupportable et adorable. Elle est aussi auteur, spécialiste du XIVe siècle et biographe de personnages de cette époque. Or elle propose à son ami et éditeur, Albert, d'écrire la vie d'une actrice célèbre et vivante. Une femme plus toute jeune qui pourrait être sa mère.
Patricia Martin :	…et justement Vera Miller est sa mère.
Jacqueline Pétroz :	Eh oui… Une mère absente dont elle n'a plus de nouvelles, depuis ses 10 ans, que par la presse. Alors pourquoi, aujourd'hui, ce chemin vers Vera ? Son père, Étienne, lui en veut de rouvrir les anciennes blessures et Elsa s'accroche, s'en veut aussi, se décourage puis la rage, la colère et la nécessité de savoir l'emportent à nouveau.

Parallèlement, nous lisons les chapitres qu'elle écrit, découvrant à notre tour l'histoire de cette famille bien dispersée et de cette jeune femme qui l'a mise au monde et délaissée. On attend, bien sûr, LA rencontre, mais elle se fera différemment. Tout le long du roman, on se demande si c'est une autobiographie, on regarde sur Internet si la comédienne Vera Miller existe, au cas où cela nous aurait échappé. C'est un très beau roman sur une quête, sur l'amour maternel quel qu'il soit, un roman à fleuret moucheté mais à la fin de l'envoi, Agathe Colombier Hochberg touche le lecteur au cœur.

(France Inter, 17 octobre 2015)

[pause de 3 minutes]

L'épreuve est terminée. Veuillez poser vos stylos.

EXERCICE 1

1 Quelle est la fonction de la dame interviewée ?

maître de conférences

2 Les fossiles datant de 7 millions d'années sont…
- ☒ les ancêtres des humains.

3 Pourquoi les singes d'aujourd'hui ne sont-ils pas représentatifs des humains de la préhistoire ?

au choix : ils ne sont pas des fossiles vivants / ce sont des lignées qui ont une longue évolution

4 Quel est le point commun entre un humain et un singe ?

un ancêtre commun

5 Quels matériaux peuvent parvenir à l'archéologue ?

au choix : matériaux non périssables / ce qui peut se minéraliser, se fossiliser

6 Dans les reconstitutions, on imagine… *(deux réponses possibles)*
- ☒ la couleur des yeux.
- ☒ la couleur de la peau.

7 À quel besoin les reconstitutions répondent-elles ?

rencontrer nos ancêtres

8 Pourquoi le crâne est ce qui a le plus changé au cours de l'évolution ?

Le cerveau grossit.

9 De quoi dépendent les microévolutions ?

Elles sont liées à un mode de vie.

EXERCICE 2

1 Comment est le ton d'Agathe Colombier ?
- ☒ Léger et enjoué.

2 Le personnage principal, Elsa, est…
- ☒ une historienne biographe.

3 Qui est Vera Miller ? *(deux réponses possibles)*
- ☒ Une mère absente.
- ☒ Une actrice célèbre.

4 Elsa cherche à...
☒ rencontrer Vera Miller.

5 Quelle est la réaction de son père ?
☒ Il en veut à sa fille.

6 De quoi traite le roman ?
☒ De l'amour maternel.

2 ▶ Compréhension des écrits

A. LIRE UN TEXTE INFORMATIF

1 Quels sont les outils de travail de YAB ?

un appareil photo ....

un hélicoptère ....

2 Quel est le métier de sa famille ?

la bijouterie ....

3 Pourquoi YAB est-il devenu pilote de montgolfière ?

pour arrondir ses fins de mois ....

4 Qu'est-ce que YAB cherche quand il fait une photo ?
☒ L'originalité.

5 Dites si les affirmations suivantes sont vraies ou fausses en cochant la case correspondante et citez les passages du texte qui justifient votre choix.

	Vrai	Faux
Son premier succès mondial a été *Home*.		X
Justification : *« débute le succès mondial de son ouvrage La terre vue du ciel »*		
Au Paris-Dakar, YAB aurait pu mourir.	X	
Justification : *« C'est d'ailleurs lors de cette course, le 14 janvier 1986, que Yann Arthus-Bertrand a échappé de près à la mort. ».*		

6 Définissez le rôle de sa fondation, GoodPlanet.

sensibiliser les gens à la protection de l'environnement par le biais de solutions simples et pragmatiques,

aide aux pays en voie de développement, action sur le terrain ....

7 Citez les critiques de YAB concernant la politique.

Les hommes et les femmes politiques d'aujourd'hui sont des « politiciens », pas des leaders, ils manquent

d'intelligence et de courage et ont un ego surdimensionné.

B. LIRE UN TEXTE ARGUMENTATIF

1 À quelle occasion cet article a-t-il été écrit ?

De nouveaux programmes scolaires ont été écrits dans lesquels on a éliminé en cachette la question des civilisations africaines.

2 Citez un argument des opposants à l'apprentissage des civilisations africaines en 5ème.

le respect du roman national

3 Citez un argument pour l'apprentissage des civilisations africaines en 5e.

la connexion avec les autres parties du monde est essentielle dans la compréhension de cette histoire / ouvrir les esprits à cette réalité. / L'Afrique est à nos portes, les Africains sont dans notre histoire.

4 Quel avantage l'apprentissage des civilisations africaines aurait-il pour les enfants d'origine africaine ?

connaître les aspects les plus brillants du passé de leurs ancêtres

5 Quel avantage l'apprentissage des civilisations africaines auraient-elles pour les autres enfants ?

leur éviter l'étroitesse de vues, les préjugés et le racisme

6 Citez les aspects de la discipline historique auxquels il faut faire attention.

les héritages, les ruptures, les connexions, proches ou lointaines

3 Production écrite

ÉCRIT ARGUMENTÉ

Vers le zéro déchet ?

Salut Maureen !

Je comprends tes inquiétudes, la protection de l'environnement est très importante pour moi aussi. Il faut vraiment trouver une solution pour réduire nos déchets !

En Europe, un ménage normal jette une très grande quantité de déchet par semaine. Moi, par exemple, je vis seul avec ma mère et, avant, nous jetions au moins deux sacs poubelles pleins par semaine ! C'est énorme.

Mais d'où viennent tous ces déchets ? Nous en avons parlé avec ma mère et nous avons décidé de regarder le contenu de nos poubelles pour comprendre ce qu'on jetait. Nous avons réalisé deux choses : d'abord, nous mangeons beaucoup de yaourts et les pots sont une grande partie de nos déchets. Ensuite, nous cuisinons de trop grandes quantités de nourriture et jetons tous les jours ce qu'il reste dans nos assiettes. Globalement, dans les supermarchés, la nourriture est souvent emballée, parfois même plusieurs fois. Cela produit beaucoup de déchets qui sont souvent complètement inutiles.

Tu te demandes comment faire à ton petit niveau pour réduire ces déchets ? Il faut essayer d'acheter moins d'emballage : on peut par exemple cuisiner avec des produits frais, acheter plus souvent des produits du marché ou essayer de produire de la nourriture soi-même. De notre côté, nous avons acheté une yaourtière pour faire nos yaourts nous-mêmes. Nous avons aussi regardé sur Internet les quantités d'aliments pour deux personnes et maintenant, nous pesons nos aliments avant de les cuisiner. C'est quand même vraiment plus écologique !

Tu vois, pour conclure, si chacun faisait ces petits gestes très simples, nous pourrions réduire nos déchets pour qu'il en arrive moins dans les océans. Ça serait déjà ça.

277 mots

 ## 4 Production orale

Sujet 1 : Dans les coulisses de l'huile de palme

L'huile de palme est un ingrédient important dans notre nourriture industrielle, on en trouve un peu partout, mais est-ce qu'elle est vraiment écologique ?

Tout d'abord, l'huile de palme est un équivalent du beurre, mais c'est végétal, moins cher et plus facile à produire. En Europe, on consomme plus d'huile de palme que de soja ! Il y en a beaucoup dans les gâteaux, le chocolat et les biscuits. Le produit est plus abordable pour les consommateurs, il peut être consommé par les végétariens qui sont de plus en plus nombreux et, en plus, un palmier est très rentable puisqu'il produit beaucoup de fruits au cours de sa vie et qu'il vit très vieux. On pourrait donc croire que c'est un produit intéressant.

Malheureusement, l'huile de palme n'est pas produite en Europe, mais dans d'autres pays où les conditions de travail ne sont pas toujours très bonnes, comme en Malaisie ou en Indonésie. L'huile de palme est utilisée dans la cuisine asiatique et africaine traditionnelle, mais l'augmentation de l'utilisation de l'huile de palme en Europe a pour conséquence qu'on plante de plus en plus de palmiers. Ce qui réduit la biodiversité dans ces pays et favorise la disparition des forêts, très importante pour filtrer l'air de l'atmosphère.

Enfin, comme toutes les graisses, l'huile de palme serait dangereuse pour la santé parce qu'elle provoquerait des maladies comme le cholestérol et des maladies du cœur. Les agriculteurs utilisent aussi souvent des engrais qui sont des poisons pour le sol et pour la santé.

Pourtant, je sais que Greenpeace n'a jamais conseillé de boycotter l'huile de palme. Peut-être faut-il surtout regarder sur l'étiquette des produits qu'on achète pour être sûr que l'huile de palme vient de productions qui respectent la nature, la biodiversité et la forêt. Pour ça, on peut, par exemple, faire confiance aux labels bios. Il existe aussi un label pour de l'huile de palme « durable ».

Sujet 2: J'ai supprimé mon compte Facebook

Aujourd'hui, faire partie d'un réseau social est représenté comme inévitable, mais est-ce que ça l'est vraiment ? Peut-on se passer d'un réseau social ?

Facebook, par exemple, est un réseau social qui rassemble vraiment beaucoup de personnes et je comprends qu'on veuille en faire partie. C'est pratique pour rester en contact avec des amis qui vivent loin, pour rester informé et pour s'organiser pour l'école et pour des événements, des fêtes ou des anniversaires, par exemple.

Quand on n'est pas inscrit à un réseau social, ça ne manque pas toujours, mais ça peut gêner les autres personnes qui ont l'habitude d'utiliser ce réseau pour rester en contact. Moi, je n'avais pas Facebook avant et ça ne me manquait pas, mais ça gênait mes amis car il fallait toujours me prévenir des événements organisés sur Facebook, alors ils ont fini par me créer un compte derrière mon dos.
Cependant, les réseaux sociaux rendent assez vite dépendant car on finit par avoir l'impression que c'est vital. Il rassemble les magazines, les youtubeurs et blogueurs, les amis et la famille. Aujourd'hui, pour être informé comme ça sans Facebook, il faudrait vérifier chaque blog un à un ou se créer un portail comme Netvibe, par exemple.

Mais les réseaux sociaux ont aussi une face cachée. Il peut être risqué d'y exposer sa vie privée et ses opinions. Personnellement, je poste assez peu de choses, essentiellement des articles politiques. Comme je veux devenir journaliste, j'ai décidé que je ne cacherai pas mes opinions politiques, même si ça doit me poser des problèmes plus tard dans mes études ou pour mon travail. D'ailleurs, c'est la raison pour laquelle je ne fermerai pas mon compte Facebook. C'est important pour les contacts professionnels et la visibilité dans les médias.

Au final, il faut essayer de rester équilibré. Facebook est un outil très pratique, mais il faut faire attention à ce qu'il ne devienne pas plus important que la vraie vie. Comme je n'ai jamais beaucoup été attiré par Facebook, je n'y passe pas trop de temps, mais je comprends aussi ceux qui ont l'impression d'être dépendant d'un réseau social et qui décident de fermer leur compte pour retrouver un peu de tranquillité.

 1 ◆ Compréhension de l'oral

TRANSCRIPTION DES DOCUMENTS AUDIO

L'enregistrement comporte l'ensemble des consignes ainsi que les temps de pause entre les écoutes.
Le surveillant ne doit donc pas intervenir pendant l'écoute qui signalera la fin de l'épreuve.

DELF niveau B2 du Cadre européen commun de référence pour les langues, version scolaire et junior, épreuve orale collective.

Exercice 1

Vous allez entendre 2 fois un enregistrement sonore de 5 minutes environ.
Vous aurez tout d'abord 1 minute pour lire les questions. Puis vous écouterez une première fois l'enregistrement.
Vous aurez ensuite 3 minutes pour commencer à répondre aux questions.
Vous écouterez une deuxième fois l'enregistrement.
Vous aurez encore 5 minutes pour compléter vos réponses.
Lisez les questions.

[pause de 1 minute]

Première écoute

Stéphanie Pélissier, monteuse

(…)

Caroline Champetier : Bonjour, Stéphanie Pélissier.

Stéphanie Pélissier : Bonjour.

Caroline Champetier : Vous travaillez à l'ombre des salles de montage. Quelle est exactement la fonction de la monteuse ?

Stéphanie Pélissier : La monteuse, c'est un peu une scénariste des images, en fait. C'est quelqu'un qui commence de travailler le plus fréquemment pendant le tournage. En général, on commence une ou deux semaines après le début du tournage. On essaye avec le matériau tourné d'écrire le film, pas de le réécrire mais d'aller dans le sens du projet initial. Parfois on le déborde, parfois on le modifie fondamentalement. On accompagne le réalisateur dans ses choix, en fait, dans ses désirs pour faire naître le film tel qu'il l'a imaginé ou alors faire naître quelque chose de mieux, dans le meilleur des cas.

Caroline Champetier : Comment devient-on monteuse, justement ? Quel est ce parcours ?

Stéphanie Pélissier : En ce qui me concerne, j'ai fait une école, pas pour le montage, une école parce que je voulais être, au départ, ingénieur du son pour suivre mon parcours musical et puis j'ai découvert le montage dans un atelier. J'ai eu un coup de foudre pour le montage, je n'ai fait plus que ça. J'ai gratté aux portes, parce qu'autrefois, techniquement, c'était très, très simple, on avait une colleuse avec du scotch. Aujourd'hui, il faut un peu connaître l'informatique, il faut se former sur un logiciel qui n'est pas spécialement complexe mais qu'il faut quand même connaître.

Caroline Champetier : Mais il y a des entrées multiples dans le métier.

Stéphanie Pélissier : On peut y arriver de diverses façons, c'est beaucoup plus large aujourd'hui, on peut avoir fait de la télé et arriver au cinéma. C'est plus facile que ça ne l'a été à une époque.

Caroline Champetier : Est-ce qu'on peut dire que le montage, c'est la troisième écriture du film ? Il y a d'abord le scénario, le tournage et le montage.

Stéphanie Pélissier : Oui et c'est celle finalement qui nous permet d'aller le plus loin. En fait, très souvent, le montage dépasse le scénario. Quand c'est bien, c'est mieux que le scénario parce qu'il y a un rapport phénoménal évidemment par le jeu, la mise en scène et puis chaque technicien apporte une touche artistique qui fait que c'est rare d'être déçu vis-à-vis d'un scénario. En général, on va plus loin.

Caroline Champetier : Truffaut disait d'ailleurs : « On tourne contre le scénario et on monte contre le tournage. »

Stéphanie Pélissier : Oui, c'est ça. Alors bon, évidemment, c'est un mot d'esprit, on n'est pas contre, on est bien évidemment avec.

Caroline Champetier : « On est tout contre ! »

Stéphanie Pélissier : On est tout contre, voilà.

Caroline Champetier : C'est ce que disait Sacha Guitry.

Stéphanie Pélissier : *(rire)* On est tout contre. On exploite finalement la matière, mais on est aussi très castrateur. On jette beaucoup, en fait. En général, le premier montage, qu'on appelle l'ours, celui qui sort de la toute première salve de montage et qu'on présente au réalisateur, fait facilement deux heures, deux heures et demie pour une durée finale d'une heure et demie.

Caroline Champetier : Alors là, il y a un cas concret qui se présente à vous, Stéphanie Pélissier, vous êtes en train de travailler sur un nouveau film. Vous avez commencé hier, c'est un film sur le créateur de Celio, de la marque Celio, de Malik Chibane. Aujourd'hui c'est le deuxième jour pour vous. Comment ça se passe ?

Stéphanie Pélissier : Alors Malik, que je ne connaissais pas, donc je l'ai rencontré pour ce film, a décidé de tourner le film dans un premier temps et de commencer le montage après parce qu'il avait très envie de dérusher avec le monteur. Parfois, donc, on commence pendant le tournage et parfois il y a cette volonté de dérushage. Donc je vais, là, dans un premier temps, dérusher avec lui, on va regarder les rushs. On va discuter, je vais apprendre à le connaître pendant ce temps là aussi, puisque je n'ai jamais travaillé avec lui. Et ensuite, il va me laisser tranquille, je vais lui faire des propositions et puis, quand on aura cet ours, on recommencera à travailler ensemble et je lui montrerai mes intentions. Parfois sur une scène, je peux présenter deux façons de la monter différemment. Très souvent, ça s'impose. Et puis voilà, c'est le moment où on commence à discuter et à beaucoup couper, évidemment.

Caroline Champetier : Et parfois à s'engueuler, peut-être ?

Stéphanie Pélissier : Alors, non. Non, non. Non, en fait, moi je suis quelqu'un d'assez cash, je dis ce que je pense, mais avec diplomatie, parce que c'est quand même des êtres sensibles. Et puis les projets, les réalisateurs les portent depuis très longtemps, très souvent le temps de l'écriture, de monter financièrement le projet, le tournage, etc. Les projets ont plus de deux ans, mais parfois, comme *Le combat ordinaire* qui est sorti cet été et que j'ai monté, le projet remontait à 10 ans, donc c'est un peu leur bébé et on peut pas tellement les violenter. Donc il faut être un peu psychologue et diplomate pour arriver à ses fins et les convaincre quand on est persuadé d'avoir raison.

(…)

(France Inter, 14 août 2015)

[pause de 3 minutes]

Deuxième écoute

[pause de 5 minutes]

Exercice 2

Vous allez entendre une seule fois un enregistrement sonore de 1 minute 30 à 2 minutes.
Vous aurez tout d'abord 1 minute pour lire les questions. Après l'enregistrement vous aurez 3 minutes pour répondre aux questions.
Répondez en cochant la bonne réponse ou en écrivant l'information demandée. Lisez maintenant les questions.

[pause de 1 minute]

Les réseaux qui vous aident à trouver un emploi à l'étranger

Journaliste : Entretien aujourd'hui avec Christina Gierse, rédactrice en chef du site *Vivre à l'étranger.com*, le site de la mobilité internationale du groupe *Studyrama*. Questions : Les réseaux qui vous aident à trouver un poste à l'étranger. Quels sont les organismes qui peuvent vous accompagner ? À qui est-ce que je dois m'adresser ?

Christina Gierse : Alors déjà, interrogez-vous vous-même sur ce que, vous, vous pouvez apporter au niveau de vos compétences, de votre expérience et de connaissances linguistiques parce que selon votre profil, vous n'aurez pas le même interlocuteur. Vous pouvez déjà consulter le site de Pôle Emploi international qui regroupe des milliers d'offres en Europe mais aussi partout dans le monde, c'est un peu l'équivalent de Pôle Emploi pour l'étranger : on peut y faire des recherches par pays, par fonction, selon votre expérience. C'est une bonne façon, même si ce n'est pas la seule, d'avoir une petite idée de ce que vous valez sur un marché de l'emploi mondialisé. Ensuite, rien ne vaut un rendez-vous avec un conseiller en face à face.

Journaliste : Est-ce que tous les profils ont une chance ?

Christina Gierse : Tous les profils ont une chance mais il ne faut pas se leurrer, hein, tous les profils n'ont pas les mêmes chances. Les métiers dit « bouchés » en France ont de grandes chances de l'être aussi ailleurs. À l'inverse, les métiers des services, de l'hôtellerie-restauration, de la santé sont les plus généreux en matière d'offres d'emplois.

Journaliste : Quels sont les autres réseaux qui peuvent aider un futur expatrié ?

Christina Gierse : Au niveau européen, il existe un réseau de coopération européenne, qui s'appelle *Eures*, qui accompagne ceux qui souhaitent trouver un emploi en Europe exclusivement. Alors, l'Europe ça peut paraître pas très, très exotique mais il ne faut pas oublier que plus de la moitié des Français établis hors de France vivent en Europe et qu'il existe de très belles opportunités professionnelles non loin de nos frontières. Pour les candidats, en revanche, ayant des compétences très pointues, les cadres, les ingénieurs, vous pouvez aussi vous adresser à des cabinets de recrutement spécialisés pour une démarche, une recherche un peu élargies.

Journaliste : Ces cabinets sont nombreux, très nombreux. Comment faire le tri ?

Christina Gierse : Oui alors effectivement, c'est pas facile de s'y retrouver, hein. Il existe pléthore cabinets de recrutement. En vous rendant sur les sites Internet, déjà, vous pouvez constater qu'une partie d'entre eux est un peu spécialisée, certains ont tissé des liens privilégiés avec des pays, d'autres ont un savoir faire précis sur un secteur d'activité. Pour ne citer que quelques exemples : Le cabinet *Eurojob Consulting* est très proche de l'Allemagne, *Approch People* a de bonnes connexions avec l'Irlande, un autre cabinet assez connu, *Robert Walters*, a développé un portefeuille de contacts intéressants en Afrique et recherche notamment des profils spécialisés en énergie et construction.

Journaliste : Eh bien merci, Christina Gierse, je renvoie aussi à *Vivre à l'étranger.com* du groupe *Studyrama* pour un dossier complet sur ces réseaux qui vous aident à trouver un emploi à l'étranger.

(France Info, 3 août 2014)

[pause de 3 minutes]

L'épreuve est terminée. Veuillez poser vos stylos.

EXERCICE 1

1 Selon le document, définissez le métier de monteur/monteuse.

C'est la personne qui coupe les scènes brutes filmées par le réalisateur et les colle ensemble pour en faire un film à part entière.

2 Quand le monteur monte le film, il essaye de respecter…
☒ les choix du réalisateur.

3 Comment Stéphanie Pélissier a-t-elle découvert le montage ?

Elle faisait une école d'ingénieur du son quand elle a découvert le montage par hasard.

4 En quoi le travail des monteurs est-il devenu plus compliqué aujourd'hui ?

Avant, les monteurs travaillaient avec une colleuse et du scotch, aujourd'hui il faut savoir maîtriser un logiciel.

5 Expliquez la citation de Truffaut « On tourne contre le scénario et on monte contre le tournage. »

C'est un mot d'esprit, cela signifie que chaque étape permet d'aller plus loin, de faire mieux.

6 Dans ce contexte, qu'est-ce qu'un ours ?
☒ Le tout premier montage d'un film.

7 Sur quel projet Stéphanie Pélissier travaille-t-elle actuellement ?

un film sur le créateur d'une marque / de Celio / de la marque Celio

8 Qui est Malik Chibane ?
☒ Un réalisateur.

9 Que signifie le mot « dérusher » ? *(deux réponses possibles)*
☒ On discute.
☒ On tourne les rushs.

10 Pourquoi les projets sont-ils les « bébés » des réalisateurs ?

Les réalisateurs les portent depuis très longtemps et ils les aiment beaucoup / et ils ont fait beaucoup de sacrifices pour eux.

EXERCICE 2

1 Qui est Christina Gierse ?
☒ La rédactrice en chef de *Vivre à l'étranger.com*.

2 Quelle plate-forme française peut-on consulter pour trouver un emploi à l'étranger ?
☒ Pôle emploi international.

3 Sur quoi doit-on commencer par s'interroger ? *(deux réponses possibles)*
☒ Ses expériences.
☒ Ses connaissances linguistiques.

4 Quels sont les métiers qui proposent le plus d'emplois ?
☒ Les métiers des services et de la restauration.

5 Qui est l'interlocuteur privilégié pour un cadre ?
☒ Les cabinets de recrutement.

 # Compréhension des écrits

A. LIRE UN TEXTE INFORMATIF

1 En ce qui concerne la gêne provoquée par le bruit, expliquez la différence entre hier et aujourd'hui.

Alors qu'hier, le bruit n'existait pas dans la sphère privée, les pauses silencieuses sont aujourd'hui devenues trop rares voire inexistantes. Ou toute reformulation de ce type.

2 En quoi les jeunes sont-ils plus exposés au bruit que leurs aînés ?

Ils vivent tout le temps et partout avec un casque sur la tête pour écouter de la musique, regarder des vidéos ou masquer le bruit des autres. / Un milliard de jeunes écoute de la musique trop forte.

3 Quel organe est endommagé par le bruit ?

l'oreille interne

4 Dites si les affirmations suivantes sont vraies ou fausses en cochant la case correspondante et citez les passages du texte qui justifient votre choix.

	Vrai	Faux
Un bruit de 110 dB pendant deux ou trois heures est mauvais pour la santé. **Justification :** « *À partir de 85/87 décibels (dB) et une exposition variant de huit heures à quelques minutes selon l'intensité du bruit, le système auditif souffre.* »	X	
L'ouïe est affectée par le bruit de façon temporaire. **Justification :** « *La lésion s'installe de manière très insidieuse, sans forcément être perçue immédiatement* ». *Et elle est irréversible.* »		X

⑤ Quelles conséquences le bruit peut-il avoir sur la santé en général ?

des maladies cardiovasculaires, des troubles psychiques, une pression artérielle trop élevée

⑥ Reformulez la phrase : « Dans les bureaux en ‹ open space ›, le bruit généré par les conversations, les sonneries des téléphones, entraîne plus de fatigue, les salariés étant contraints d'être ‹ hyper concentrés › pour rester efficaces. »

Quand il y a du bruit, il faut se concentrer plus pour continuer à travailler correctement, or les « open space

» ont beau être modernes, le bruit y est permanent, cela fatigue donc inutilement les employés.

B. LIRE UN TEXTE ARGUMENTATIF

① Qui est Philippe Pozzo di Borgo ?

un auteur tétraplégique

② Philippe Pozzo di Borgo cherche à…

faire réfléchir le lecteur sur sa relation à l'autre

③ Citez deux arguments de Philippe Pozzo di Borgo pour le vivre-ensemble.

une richesse / une ouverture sur le monde et sur l'autre / un silence intérieur / la découverte de soi

④ Décrivez Philippe Pozzo di Borgo avant son accident.

Il était concentré sur sa carrière et sa réussite, mais avait déjà l'impression de passer à côté de l'essentiel.

⑤ Dites si les affirmations suivantes sont vraies ou fausses en cochant la case correspondante et citez les passages du texte qui justifient votre choix.

	Vrai	Faux
Philippe Pozzo di Borgo est né paralysé. **Justification :** *« L'accident, qui le paralyse désormais des épaules aux orteils »*		X
Les autres sont curieux des personnes en fauteuil roulant. **Justification :** *« Les autres ne viennent pas naturellement vers nous, les fauteuils. ».*		X

⑥ Pour quelles raisons Philippe Pozzo di Borgo a-t-il besoin des autres ?

Il est totalement dépendant : il faut prendre soin de lui, lui donner à manger, pousser son fauteuil, mais les

autres lui permettent aussi d'exister.

Production écrite

ÉCRIT ARGUMENTÉ

Nom de famille, une question d'identité ?

Salut tout le monde !

Pour moi, le prénom et le nom sont très importants ! Je crois vraiment qu'on se développe en mettant son prénom comme « titre » à sa vie, si on changeait le titre, il faudrait écrire un autre roman… Non ?

Tout d'abord, quand tu es petit, c'est le premier mot qui te permet de comprendre que tu es un individu indépendant des autres individus, c'est vraiment une étape essentielle de l'enfance de découvrir son individualité et son identité.

Les prénoms montrent d'ailleurs beaucoup plus de choses qu'on ne le croit : l'origine géographique, sociale, la volonté des parents. Par exemple, s'appeler Juliette en France, ça veut dire qu'on vient d'un milieu plus modeste. Des études démontrent que le prénom change aussi ce que les autres pensent de l'individu. Un employeur sera en partie influencé par le prénom d'un candidat. Enfin, il y a des prénoms qui sont plus lourds à porter, Adolf ou Jésus, par exemple. Dans ces cas, je peux comprendre qu'on veuille changer de nom.

Je pense également que le nom de famille est très important. Un nom de famille explique d'où on vient. Moi, je porte le nom de famille de mon père et de ma mère et je refuserais de changer de nom car j'en suis fier. Cependant, on peut ne pas avoir de lien avec son nom ou encore en avoir honte, alors c'est logique de vouloir en changer.

En conclusion, je dirais qu'il existe bien des raisons pour lesquelles on voudrait changer de nom, c'est un geste très symbolique, mais je me demande si c'est vraiment possible et facile, psychologiquement, de changer ainsi de prénom ou de nom.

> **280 mots**

 Production orale

Sujet 1 : Apprendre à l'école ou à la maison ?

On peut aller à l'école ou bien apprendre à la maison, mais comment choisir ?

Les pays européens n'ont pas les mêmes lois à ce sujet. En Suisse comme en Autriche, il faut en tout cas respecter le programme. Les enfants qui apprennent à la maison doivent passer une épreuve chaque année pour vérifier qu'ils apprennent bien les mêmes savoirs que ceux qui vont à l'école. Dans ces pays-là, apprendre à la maison est donc une solution pour ceux qui ont des problèmes de santé ou qui vivent trop loin d'une école. En France, par contre, c'est plus libre, les parents peuvent être contrôlés pour vérifier qu'ils ne laissent pas leurs enfants seuls à la maison, mais les enfants ne passent pas d'épreuve pour vérifier leur niveau. C'est donc un vrai choix éthique. Enfin, en Allemagne, un enfant est obligé d'aller à l'école, apprendre à la maison n'est pas possible.

Tout d'abord, il y a des enfants qui n'aiment pas aller à l'école. Ensuite, les conditions peuvent ne pas être idéales : il faut se lever tôt et on n'apprécie pas toujours ses professeurs ou ses camarades. On peut aussi avoir un long trajet pour aller à l'école, ce qui peut être très fatigant. Enfin, on peut aussi avoir des activités un peu spéciales qui empêchent de suivre l'école aux heures normales. Quand on a un handicap ou une maladie, par exemple, il faut aller voir beaucoup de médecins. Quand on suit une formation sportive ou musicale, les cours peuvent empêcher l'enfant d'aller à l'école aux heures prévues. Dans ces cas-là, je comprends très bien les familles qui font le choix de l'école à la maison.

Cependant, je pense que ce doit être très contraignant pour les parents, ça signifie que quelqu'un doit être à la maison pour s'occuper de l'enfant. Souvent, ça sera donc un des parents qui arrêtera de travailler pour être femme ou homme au foyer. Beaucoup d'enfants vont à l'école sans trop y réfléchir. Pour ma part, mon école n'est pas loin de chez moi, j'y retrouve mes amis, je connais bien les professeurs et je les trouve sympathiques. Je n'aimerais pas rester à la maison toute la journée avec mon père ou ma mère. Je les aime beaucoup, mais ils ne sont pas très pédagogues.

À mes yeux, aller à l'école ou apprendre à la maison, il y a des avantages et des inconvénients, c'est donc un choix totalement personnel.

Sujet 2 : « Nous avons rendu les bus gratuits »

Est-ce que c'est une bonne idée de rendre gratuits les transports publics ? Comment est-ce qu'on peut rendre les transports publics gratuits ?

Dans la plupart des villes, les transports publics sont payants. Il faut acheter une carte plus ou moins chère (en général entre 1 et 2€) qui est valable pour une heure, comme à Rennes, ou pour une zone, comme à Paris. Comme les transports publics sont payants, il y a des contrôles : soit il y a des machines qui contrôlent à l'entrée (voir même à la sortie comme à Paris), soit il y a des contrôleurs, des personnes qui sont payées pour contrôler les passagers et leur donner une amende quand ils n'ont pas de ticket de transport en règle.

Si on voulait rendre les transports publics gratuits, il faudrait trouver une autre façon de les payer. Les transports en commun sont souvent subventionnés par la ville, mais pour les rendre complètement gratuits, il faudrait une autre source de revenu. La ville d'Aubagne, dont parle l'article, a choisi par exemple de taxer les entreprises. L'idée, c'est que les entreprises profitent des transports en commun puisque leurs employés les prennent pour aller au travail. C'est une solution, bien sûr, et si cela fonctionne à Aubagne, c'est tant mieux. Cependant, je me demande si toutes les entreprises seraient ravies de cette pratique.

En outre, j'ai entendu dire que les amendes que les contrôleurs font payer aux passagers qui ne sont pas en règle ne paient même pas le salaire de ces mêmes contrôleurs. Ce serait alors une idée d'enlever les contrôleurs. En économisant leurs salaires, peut-être qu'on pourrait rendre les transports en commun gratuits.

Enfin, je pense que les transports en commun sont un service qui est dû aux habitants d'une ville. Les habitants d'une ville paient des impôts pour profiter des services comme les transports en commun. Je ne trouve ça donc pas logique de payer une seconde fois lorsqu'on veut pouvoir profiter d'un de ces services.

Pour moi, les transports en commun devraient appartenir entièrement à la municipalité et être payés par nos impôts. S'il n'y a plus d'entreprise privée qui veut faire des bénéfices avec le service de transports en commun et si on enlève les contrôleurs, je pense qu'il est tout à fait possible de rendre les transports en commun gratuits partout.

1 ▸ Compréhension de l'oral

TRANSCRIPTION DES DOCUMENTS AUDIO

L'enregistrement comporte l'ensemble des consignes ainsi que les temps de pause entre les écoutes.
Le surveillant ne doit donc pas intervenir pendant l'écoute qui signalera la fin de l'épreuve.

DELF niveau B2 du Cadre européen commun de référence pour les langues, version scolaire et junior, épreuve orale collective.

Exercice 1

Vous allez entendre 2 fois un enregistrement sonore de 5 minutes environ.
Vous aurez tout d'abord 1 minute pour lire les questions. Puis vous écouterez une première fois l'enregistrement.
Vous aurez ensuite 3 minutes pour commencer à répondre aux questions.
Vous écouterez une deuxième fois l'enregistrement.
Vous aurez encore 5 minutes pour compléter vos réponses.
Lisez les questions.

[pause de 1 minute]

Première écoute

Un film raconte le combat de Malala pour l'éducation et la paix

Présentateur : Et voici France Info Junior en partenariat avec « Un jour, une actu » et *unjouruneactu.com*. Il y a un an, pratiquement jour pour jour, Malala recevait le prix Nobel de la paix. Elle avait 17 ans et à partir d'aujourd'hui sort aux États-Unis un film consacré à la vie de Malala. Il arrive en France en janvier. Malala, cette jeune Pakistanaise grièvement blessée en 2012 par les talibans, les fous de Dieu qui ne veulent pas que les filles aillent à l'école. L'éducation des jeunes filles, Malala en a fait son combat. Elle vit maintenant avec sa famille en Angleterre. Bonjour, Yvan Savy.

Yvan Savy : Bonjour.

Présentateur : Directeur de Plan International, une organisation qui vient en aide aux enfants du monde entier. Alors sur le parcours, sur la vie de Malala, au micro France Info d'Estelle Faure, Adama et Soukaïna, en CM2 à l'école Romainville de Paris. Et on commence avec toi, Adama.

Adama : À quel âge Malala a commencé à militer pour que les enfants puissent aller à l'école ?

Yvan Savy : Eh bien, Adama, elle a commencé très tôt, à l'âge de 8 ans, alors qu'elle se rendait à la décharge pour vider les poubelles, elle a croisé des enfants chiffonniers qui n'allaient pas à l'école et, comme elle vivait dans l'école que son père dirigeait, elle est rentrée chez elle et elle a dit à son père : « Il faut absolument que ces enfants puissent venir à l'école avec nous, c'est pas normal. » C'est dès le début pour elle.

Présentateur : Des enfants chiffonniers, c'est des enfants qui font les ordures sur les décharges à ciel ouvert.

Yvan Savy : Voilà, exactement.

Adama : Y avait-il la guerre à l'époque où Malala a commencé à militer ?

Yvan Savy : Eh bien oui, il y a une guerre entre des Talibans qui étaient installés dans la région du Swat, qui étaient en rébellion contre le gouvernement central au Pakistan. Donc la guerre était là et causait beaucoup de problèmes à Malala et sa famille et tous les gens qui vivaient sur place.

Adama : Est-ce que la vie de Malala a changé depuis la fusillade ?

Présentateur : Elle a été gravement blessée d'ailleurs.

Yvan Savy : Bien sûr. Alors, Adama, j'ai envie de te dire oui et non. Parce que sa vie, elle a totalement changé, puisqu'elle vit maintenant en Angleterre, très très loin du Pakistan, à des milliers de kilomètres de là, séparée de ses amis d'enfance, et ça, c'est vrai que c'est un bouleversement pour elle. Mais le sens de sa vie a pas vraiment changé parce qu'elle continue ce qu'elle a toujours fait, alors qu'elle était au Pakistan, c'est de militer pour que les enfants puissent tous aller à l'école et elle le fait avec encore plus de force, maintenant qu'elle vit en Angleterre.

Présentateur : Soukaïna.

Soukaïna : Depuis qu'elle s'est fait tirer dessus, Malala, est-ce qu'elle a trouvé des livres pour se réconforter ?

Présentateur : C'est une jolie question, ça.

Yvan Savy : Oui, c'est une jolie question, Soukaïna. Alors, tu sais, avant de se faire tirer dessus, elle a pris beaucoup de risques, comme beaucoup de gens qui vivaient sur place à l'époque. Et j'ai une anecdote que j'ai envie de te raconter, parce que ses livres préférés et ceux qui lui ont le plus manquée quand, à un moment, elle a dû quitter son école et quitter sa maison parce qu'elle a été déplacée au Pakistan, elle est revenue quelques mois plus tard dans l'école qui était toujours là et la première chose qu'elle est allée voir, c'est s'il y avait toujours ses livres d'école. Et elle a été très rassurée de les retrouver, ses livres et ses cahiers, c'était son plus grand réconfort, avant même cet attentat.

Présentateur : Adama.

Adama : Où est-ce que Malala a trouvé le courage pour pouvoir raconter son histoire et écrire un livre avec ?

Yvan Savy : Écoute, Adama, je crois qu'elle a toujours eu du courage, cette jeune fille, pour se battre pour l'éducation dans son pays qui était en guerre. C'était drôlement courageux de sa part ! Et depuis, après tout ce qui lui est arrivé, écrire ce livre c'est continuer à se battre pour faire connaître ce problème de l'éducation des filles. Et ça, c'est peut-être pas aussi difficile pour elle, d'écrire un livre, que de faire tout ce qu'elle a pu faire et ce qu'elle continue à faire aujourd'hui.

Adama : Si Malala devait raconter son histoire, elle la raconterait comme quelque chose de bien ou comme un drame ?

Yvan Savy : Eh bien, justement, puisque tu me parlais de son livre, elle a parlé de ça dans son livre. Elle a toujours vu le côté positif des choses et elle dit « C'est vrai que ce qui m'est arrivé est dur, mais j'ai survécu, il y a une raison à ça, je dois continuer mon combat, je suis même plus forte aujourd'hui pour le porter. » Et donc elle le voit aussi comme quelque chose qui est une bénédiction, quelque part. En même temps, quand elle parle de son pays, ça lui manque beaucoup et ça, la séparation de ses amis et de son pays, qu'elle continue malheureusement à connaître aujourd'hui, c'est quelque chose de dur.

Adama : Est-ce que Malala pense à arrêter les meetings et continuer une vie normale d'adolescente ?

Yvan Savy : Alors d'abord, Adama, elle n'est plus tout à fait une adolescente puisque c'est maintenant une jeune adulte, elle a 18 ans depuis quelques mois. Et comme elle le raconte dans son livre, elle a toujours voulu militer pour les droits de l'enfant, elle compte pas s'arrêter. Ce qui est plus difficile pour elle, c'est ses études, parce que ça a toujours été sa passion, elle a grandi dans une école, son père est directeur d'école, et ça c'est plus difficile, mais elle continue à porter ça avec beaucoup, beaucoup de passion.

Présentateur : Et puis maintenant qu'elle a reçu le prix Nobel de la paix, elle est quand même investie d'une espèce de mission.

Yvan Savy : Tout à fait. Et elle a investi les fonds qu'elle a reçus dans un fond qui s'appelle le fond Malala, qui est destiné à financer des projets pour aider des enfants à retourner à l'école et des petites filles, notamment, à pouvoir accéder à l'éducation.

Présentateur : Soukaïna.

Soukaïna : Est-ce que Malala a convaincu presque tous les gens que leurs enfants aillent à l'école ?

Yvan Savy : Soukaïna, je crois qu'elle a fait prendre conscience à beaucoup de monde que c'était un vrai problème, y compris à des gens très haut placés qui regardaient ça d'un peu loin, mais il y a encore beaucoup de travail pour convaincre tout le monde et puis, des fois, on n'a pas forcément le choix, des fois il y a des parents qui peuvent pas forcément envoyer leurs enfants à l'école. Et il ne suffit pas de les convaincre, il faut aussi trouver des solutions pour que leurs enfants puissent aller à l'école.

(…)

(France Info, 2 octobre 2015)

[pause de 3 minutes]

Deuxième écoute

[pause de 5 minutes]

Exercice 2

Vous allez entendre une seule fois un enregistrement sonore de 1 minute 30 à 2 minutes.
Vous aurez tout d'abord 1 minute pour lire les questions. Après l'enregistrement vous aurez 3 minutes pour répondre aux questions.
Répondez en cochant la bonne réponse ou en écrivant l'information demandée. Lisez maintenant les questions.

[pause de 1 minute]

Les enfants passent toujours plus de temps devant les écrans

Voix-off : Le 5/7… sur France Inter.

Catherine Boullay : Il est 5 h 46… 56. Éric Delvaux.

Éric Delvaux : Catherine Boullay.

Catherine Boullay : Vous nous invitez dans votre cabinet de curiosité. On pourrait regarder la télé ?

Éric Delvaux : (rire) Oui, pour parler des enfants devant la télé. Ils sont toujours de plus en plus souvent devant un écran, pas que la télé d'ailleurs. Trois heures en moyenne par jour pour les enfants de 4 à 14 ans, les yeux rivés sur un écran. C'est 10 minutes de plus qu'il y a cinq ans. Et parmi les différents écrans, c'est toujours devant la télé qu'ils passent le plus de temps, avec un pic chez les ados de 11 à 14 ans qui peuvent rester devant un écran plus de trois heures et demie par jour. C'est une enquête IPSOS pour la chaîne Gulli que révèle ce matin le journal *Aujourd'hui en France / Le Parisien*. Avec une maison où il y a des enfants, on trouve facilement une dizaine d'écrans disponibles désormais. D'où ce conseil d'une psychologue : pour un enfant, la télé le matin, c'est niet, même pour 5 ou 10 minutes, car ça brouille l'attention des enfants avant d'entrer en classe. Paroles de psychologue.

Enfants : Allez, allume la télé ! Vite, ça va commencer ! Mais elle est où, la zapette ? La télé, la télé !

Chanteur : La télé, c'est beaucoup mieux que les WC. La télé, c'est plus joli que le bidet. La télé, ça fait oublier tous les nuages. C'est comme la radio, mais on y voit les images.

Catherine Boullay : *L'hymne à la télé* d'Edouardo et votre cabinet de curiosité, Éric Delvaut à la radio.

(France Inter, 5 novembre 2015)

[pause de 3 minutes]

L'épreuve est terminée. Veuillez poser vos stylos.

EXERCICE 1

1 À quelle occasion cette émission a-t-elle été enregistrée ?

sortie du film sur Malala

2 Pour quelle cause Malala milite-t-elle ?

l'éducation des jeunes filles

3 Quelle est la mission de l'organisation Plan International ?

aider les enfants du monde entier

4 Pourquoi Malala a-t-elle commencé à militer ?

elle a rencontré des enfants qui ne vont pas à l'école

5 Le père de Malala est…
- ☒ directeur d'école.

6 Des enfants chiffonniers, ce sont des enfants qui…
- ☒ font les ordures sur les décharges.

7 Qu'est-ce qui a changé la vie de Malala ?
- ☒ Une fusillade.

8 Dans quel but a-t-elle écrit son livre ?

pour continuer de se battre

9 Qu'est-ce qui est dur pour Malala ?
- ☒ La séparation avec son pays.

10 Pourquoi serait-elle investie par une mission ?

elle a reçu le prix Nobel de la paix

EXERCICE 2

1 L'émission traite...
☒ de tous les écrans.

2 Quelle tranche d'âge regarde le plus la télé ?
☒ Les 11 - 14 ans.

3 Qui est le commanditaire de cette enquête ?

la chaîne Gulli

4 Pour les enfants, le matin, les psychologues préconisent...
☒ aucune télé.

5 Pourquoi les enfants ne devraient-ils pas passer trop de temps devant la télé ?
☒ La télé réduit leur attention.

6 Dans *L'hymne à la télé*, la télé a plus de valeur que...
☒ les toilettes.

7 D'après Edouardo, la télé permet...
☒ d'oublier ses soucis.

2 Compréhension des écrits

A. LIRE UN TEXTE INFORMATIF

1 À quelle occasion cet article a-t-il été publié ?

La réédition d'albums de Pénélope Bagieu.

2 Décrivez le caractère de Pénélope Bagieu.

Détendue, rigolote, bonne copine

3 Pourquoi son blog est-il tant apprécié ?

pour sa convivialité festive

4 Racontez son choix d'études avec vos propres mots.

Pénélope Bagieu ne pensait pas qu'on pouvait vivre du dessin, elle voulait donc devenir prof d'anglais mais sa mère l'a poussée à faire une école d'art, car quand on travaille 50 ans, il faut que le métier nous plaise.

5 Expliquez cette phrase : « On comprend que son bureau soit en vrac ! »

Son bureau est en vrac parce qu'elle fait beaucoup de choses différentes en même temps et qu'elle est partout : pub, presse, BD, blog, cinéma...

6 Que signifie « promouvoir son trait sans se promouvoir soi-même » ?

Son trait est partout, il s'installe, sans parfois même qu'on connaisse son auteur.

7 En quoi son travail avec Joann Sfar est-il une opportunité de progresser ?

C'est un maître pour elle, il la tire vers le haut.

B. LIRE UN TEXTE ARGUMENTATIF

1 À quelle occasion cet article a-t-il été écrit ?

Trois associations ont remis une lettre ouverte au délégué interministériel à l'hébergement et à l'accès au logement.

2 Expliquez cette phrase : « ... ils ont l'impression de prêcher dans le désert. »

Les associations ont l'impression que ce qu'ils font est inutile, que personne ne les entend.

3 Décrivez le projet de la *Fondation Abbé-Pierre*.

Ils voulaient acheter des caravanes pour 45 personnes vivant depuis des mois sous des abris de fortune.

4 Donnez deux raisons pour lesquelles la vice-présidente en charge de l'hébergement a refusé ce projet.

Le projet est trop dangereux / L'hébergement d'urgence relève de l'État.

5 Dites si les affirmations suivantes sont vraies ou fausses en cochant la case correspondante et citez les passages du texte qui justifient votre choix.

	Vrai	Faux
Les associations proposent des solutions utopiques que la préfecture ne pourrait pas payer. **Justification :** *« nous proposons des solutions qui ne sont pas excessivement chères »*		X
La préfecture de l'Isère a refusé de parler aux journalistes. **Justification :** *«Contactée, la préfecture de l'Isère n'a pas souhaité commenter l'action des associations. »*	X	

6 Quelle est la stratégie des pouvoirs publics pour ne pas devoir réfléchir au problème ?

Chacun se réfugie derrière son champ de compétence.

3 Production écrite

ÉCRIT ARGUMENTÉ

L'activité physique chez les jeunes

Chère rédaction de Paf Boum Mag,

J'ai lu votre article sur l'activité physique des jeunes et je voudrais y répondre. Vous avez très bien expliqué le lien entre le temps passé devant l'écran, l'activité sportive et le surpoids. Je ne connais pas les études à ce sujet mais je peux vous parler de mes expériences. Dans mon entourage, les jeunes font peu de sport en semaine, mais ça me semble tout à fait logique.

C'est vrai que les jeunes arrêtent souvent leur activité sportive. Moi, par exemple, j'ai arrêté récemment le karaté. Entre l'école, les devoirs, les trajets, les activités entre amis, les activités artistiques ou sportives, il faut choisir. Pour ma part, je n'avais pas envie d'arrêter mais je n'avais plus le temps d'y aller car c'est assez loin de chez moi. En plus, il y avait des compétitions obligatoires le samedi et deux à trois entraînements par semaine, c'était trop à mes yeux.

Cependant, il ne faut pas croire que les ados ne font pas de sport du tout. Avec mes amis, nous faisons du vélo le week-end pour nous détendre. Nous avons une piste cyclable dans le parc vraiment très cool.

Il y a certes des risques pour la santé comme la prise de poids, mais je pense que le manque de sport n'est pas la seule cause, le temps que nous passons assis devant nos écrans en est sûrement autant responsable. En effet, on y passe plus de 4 heures si on compte le temps passé à regarder le smartphone.

Je pense qu'il faut accepter qu'ils reportent leurs activités sportives sur le week-end, mais il faut les pousser à continuer une activité sportive agréable pour se détendre et rester en bonne santé.

> **286 mots**

Production orale

Sujet 1 : Avoir un frère ou une sœur, c'est bon pour la santé

Il paraît qu'avoir un frère ou une sœur, c'est bon pour la santé, mais pourquoi pas les amis ? Quelle différence y a-t-il entre un ami et un frère ou une sœur ?

Le lien avec un frère ou une sœur est quelque chose de spécial. C'est une relation plus forte que l'amitié car on est obligé d'affronter ses frères et sœurs, on ne peut pas simplement les rayer de notre vie quand quelque chose ne va pas. Mêmes les pires erreurs doivent donc être corrigées. En même temps, on ne choisit pas ses frères et sœurs. Même si on a la même éducation, on peut avoir des caractères très différents et ne pas s'entendre. Si ce n'était pas une personne de notre famille, peut-être qu'on ne la fréquenterait même pas, mais si c'est un frère ou une sœur, on n'a pas le choix. Au fond, c'est donc une vraie richesse qui nous oblige à nous dépasser pour accepter l'autre. Enfin, quand il y a un problème dans la famille, comme un décès ou une maladie, c'est avec ses frères et sœurs qu'on doit le supporter. Il vaut donc mieux, de toute façon, être en bons termes avec eux.

Les amis, c'est différent. Ce sont plus souvent des personnes qui nous ressemblent, avec lesquels on a des choses en commun. Surtout, quand une personne ne nous plaît pas ou ne nous plaît plus, on peut simplement arrêter de la voir. Il y a très peu d'amis qui restent pour toujours, même quand on pense que ça fonctionnera. Quand on déménage, quand on change de travail, quand on rencontre de nouvelles personnes, il y a toujours des amis qui partent et d'autres qui arrivent. D'ailleurs, ce n'est pas très grave si on a une famille stable.

C'est pourquoi je pense que la famille, les frères et sœurs en particulier, est importante pour la bonne santé mentale. Comme le dit l'article de Santé Magazine, le lien entre frère et sœur est essentiel pour l'équilibre personnel. Enfant, on apprend à vivre avec l'autre, à partager, à se disputer sans se battre… Adulte, on peut s'appuyer sur eux dans les moments difficiles de la vie. Je pense qu'il y a peu d'amis qui supporteraient la même chose qu'un frère ou une sœur. Il y en a, bien sûr, mais souvent, ils finissent en quelque sorte par devenir des « membres de la famille ». Ça dit déjà tout, non ?

Sujet 2 : Nourritures adolescentes

Est-ce que nous, les ados, sommes victimes, des chaînes de fastfood ? Est-ce qu'on sait encore apprécier les bons repas et la nourriture « saine » ? Je répondrais sans hésiter : bien sûr !

Moi et mes amis, nous n'aimons pas beaucoup aller dans un fastfood. Nous y allons, bien sûr, car nous n'avons pas beaucoup d'argent et les fastfoods restent quand même plutôt bon marché. En plus, comme on ne veut pas rester tout le temps dans la maison des parents de quelqu'un, nous avons souvent besoin d'un endroit où passer le temps. D'ailleurs, nous sommes assez bruyants et cela ne plaît pas toujours aux parents. Alors, nous sortons, mais quand il fait nuit, qu'il pleut ou qu'il fait froid par exemple, le fastfood est une solution pratique et facile : il y en a partout, on peut y rester aussi longtemps qu'on veut et on peut y manger et y boire des choses pas trop mauvaises.

Cependant, quand nous voulons vraiment nous faire plaisir, nous allons plutôt dans de vrais restaurants ou alors nous cuisinons nous-mêmes quand les parents sont absents. Notre restaurant préféré s'appelle « Back to 60's », c'est un vrai restaurant de hamburger, en plus c'est bio et il y a un menu végétarien pour ma copine Sabine. Nous adorons aussi les sushis, mais les sushis faits maison. Mon ami Pierre a une tante japonaise qui lui a appris à faire les sushis. Nous allons alors tous ensemble acheter les ingrédients dans le supermarché asiatique de notre ville et nous passons l'après-midi à préparer les sushis pour le dîner. Moi, j'adore : c'est une activité qu'on fait tous ensemble, on s'amuse beaucoup et les sushis sont délicieux et meilleurs pour la santé que l'éternel fastfood.

Je trouve donc que la réputation des adolescents de « mal se nourrir » est tout à fait fausse.

 # Compréhension de l'oral

TRANSCRIPTION DES DOCUMENTS AUDIO

L'enregistrement comporte l'ensemble des consignes ainsi que les temps de pause entre les écoutes.
Le surveillant ne doit donc pas intervenir pendant l'écoute qui signalera la fin de l'épreuve.

DELF niveau B2 du Cadre européen commun de référence pour les langues, version scolaire et junior, épreuve orale collective.

Exercice 1

Vous allez entendre 2 fois un enregistrement sonore de 5 minutes environ.
Vous aurez tout d'abord 1 minute pour lire les questions. Puis vous écouterez une première fois l'enregistrement.
Vous aurez ensuite 3 minutes pour commencer à répondre aux questions.
Vous écouterez une deuxième fois l'enregistrement.
Vous aurez encore 5 minutes pour compléter vos réponses.
Lisez les questions.

[pause de 1 minute]

<u>Première écoute</u>

Les Français de l'étranger

Présentateur : Il est 5 h 06. Aujourd'hui dans « Méridiens d'Europe », les Français de l'étranger. Ils représentent 2,5% de la population française. Bonjour, José-Manuel Lamarque.

José-Manuel Lamarque : Bonjour, Catherine. Bonjour, Éric. C'est exact ! Et depuis 2014, les Français de l'étranger bénéficient d'une représentation locale par leur conseiller consulaire. Un colloque leur sera consacré lundi prochain au Sénat.

José-Manuel Lamarque : Hélène Conway, bonjour.

Hélène Conway : Bonjour.

José-Manuel Lamarque : Hélène Conway, vous êtes l'ancienne ministre déléguée aux Français de l'étranger et aujourd'hui sénatrice représentant les Français établis hors de France. Vous qui le fûtes, que veut dire « Français de l'étranger » ?

Hélène Conway : C'est une réalité, une réalité vécue par des hommes et des femmes qui font de la mobilité un choix de vie. Aujourd'hui, ces Français de l'étranger [sont] au nombre d'un million 600 mille, communauté très modeste répartie sur les cinq continents.

José-Manuel Lamarque : Pour des raisons diverses et variées, Hélène Conway, souvent les Français de l'étranger sont stigmatisés. Comment ça se passe, dans les autres pays européens ? C'est un plus ou un moins d'être Allemand de l'étranger, Espagnol de l'étranger, Anglais de l'étranger?

Hélène Conway : Je crois qu'il n'y a pas la même stigmatisation et c'est vrai que c'est le mot juste, en tout cas ce qui est ressenti par ceux qui sont partis, que l'on traite de fuyards, d'exilés. Il y a un sentiment de suspicion vis-à-vis de ceux qui ont osé quitter le territoire français et cette stigmatisation n'existe pas dans les autres pays. Il n'y a pas un angle négatif qui est systématiquement choisi pour parler d'eux. Je crois peut-être qu'il y a une reconnaissance qui date de plus longtemps, du rôle qu'ils peuvent jouer et de l'importance d'avoir ces communautés hors les murs. Ce sont des communautés qui participent du rayonnement de la langue et nous, au lieu de penser ou de voir les avantages, on préfère s'attacher à cette suspicion, ce doute qu'ils créent simplement parce qu'ils sont partis.

José-Manuel Lamarque : Ce rayonnement français à l'étranger, j'ai l'impression que c'est très important pour tous les gouvernements français, pour l'État, d'avoir ces Français de l'étranger. Alors au niveau industriel, au niveau économique, au niveau culturel, la langue… Quelque part, c'est très stratégique.

Hélène Conway : C'est pas vraiment stratégique. Je crois qu'il y a une prise de conscience de l'importance de cette communauté parce que les Français n'ont jamais eu de vague d'émigration. La France, en dehors de la période des huguenots, n'a jamais eu de vague migratoire sortant de la France. La France est un pays d'accueil, traditionnellement. Et donc, il n'y a jamais eu de politique pour valoriser ou prendre en compte cette communauté. Tout simplement, la France, depuis toujours, a cette vocation universalis, alors nous avons un réseau d'ambassades important, un réseau culturel par le biais de nos instituts français, de nos alliances françaises, de nos écoles et lycées français aussi à l'étranger, mais nous n'avons jamais jusqu'à présent eu besoin, en dehors de cette connexion, de vouloir faire en sorte que les Français restent des citoyens, d'où l'importance de l'enregistrement à l'étranger, qui permet aux Français de voter, notamment.

Et comme vous l'avez rappelé, depuis 2014, d'avoir une représentation locale par le biais des conseillers consulaires. Et puis au niveau du parlement, par le biais de sénateurs et de députés. Et puis un ministère, en effet, créé en 2012, dédié essentiellement et complètement à ces Français de l'étranger. Donc il y a une vraie prise de conscience, aujourd'hui, de ce lien que beaucoup d'autres pays entretiennent depuis longtemps, souvent pour des raisons économiques.

José-Manuel Lamarque : Mais s'il y a eu la création d'un ministère, c'est qu'on compte vraiment sur eux ?

Hélène Conway : Cette prise de conscience est assez récente et je crois que la crise de 2008, finalement, a déclenché ce dont nous avions besoin, c'est-à-dire, eh bien, de solliciter ces Français de l'étranger, de les faire connaître un peu mieux. Et c'est ce que j'entends faire le 5 octobre au sénat, lundi prochain, pour justement mettre en valeur cette communauté.

José-Manuel Lamarque : Et qu'en attendez-vous, de ce colloque ?

Hélène Conway : Les faire mieux connaître, apprécier, et de démontrer qu'ils sont un atout pour la France.

(France Inter, 1 octobre 2015)

[pause de 3 minutes]

Deuxième écoute

[pause de 5 minutes]

Exercice 2

Vous allez entendre une seule fois un enregistrement sonore de 1 minute 30 à 2 minutes.
Vous aurez tout d'abord 1 minute pour lire les questions. Après l'enregistrement vous aurez 3 minutes pour répondre aux questions.
Répondez en cochant la bonne réponse ou en écrivant l'information demandée. Lisez maintenant les questions.

[pause de 1 minute]

Les logements participatifs arrivent en France

(…)

Catherine Boullay : Imaginez, Éric, que vous pouvez choisir votre logement et vos voisins. C'est ça, le logement participatif. Vous avez un groupe d'amis ou des gens avec qui vous vous entendez bien et, tous ensemble, vous décidez du terrain que vous allez acheter, de l'architecte qui va dessiner les plans du futur immeuble, de l'agencement des appartements et des parties communes que vous allez partager : la buanderie, la salle de jeu, etc. Tout ça sans passer par un promoteur immobilier et sans passer par les HLM. Ce n'est pas un logement social, ce n'est pas un logement privé non plus. C'est ce que Cécile Duflot, ministre du logement, appelle la troisième voie pour accéder moins cher à la propriété. Une troisième voie que son projet de loi entend faciliter. Elle l'expliquait, il y a quelques mois, à l'occasion des rencontres nationales de l'habitat participatif.

Cécile Duflot : La ville ne peut pas être le produit d'un face à face entre élus et promoteurs. Il faut ouvrir le dialogue. De la conception du logement à la vie en commun au sein du quartier, il faut favoriser une plus grande implication des habitants dans leur habitat. C'est tout le sens de la démocratie du voisinage, le passage d'un modèle subi du logement à un modèle choisi, où les citoyens deviendraient acteurs de leur habitat.

Éric Delvaux : Alors, Catherine, passer par une loi pour favoriser l'essor de ces logements coopératifs, c'était vraiment nécessaire ?

Catherine Boullay : Oui, parce que, pour l'instant, ces logements n'ont pas, disons, d'existence légale. Conséquence directe : les banques sont encore plus frileuses que d'habitude quand il s'agit de les financer. Ensuite, une fois la maison construite, ce sont les assurances qui rechignent à garantir une couverture. Cette loi ALUR va donc permettre à ces propriétaires, qui ne rentrent pas encore dans les cases classiques, d'obtenir une vraie sécurité. Et il faut dire que le jeu en vaut la chandelle. En termes de prix, le logement vous revient 5 à 15% moins cher qu'un logement normal, la différence étant, en gros, ce que le promoteur se met dans la poche. Mais si cela vous intéresse, il vous faudra aussi du temps, de la patience et de la persévérance. Entre 3 et 8 ans sont nécessaires afin qu'un logement participatif sorte de terre. (…)

(France Inter, 14 janvier 2014)

[pause de 3 minutes]

L'épreuve est terminée. Veuillez poser vos stylos.

EXERCICE 1

1 À quelle occasion cette émission a-t-elle été enregistrée ?

un colloque au Sénat

2 Quel est le poste d'Hélène Conway ?

sénatrice

3 Comment Hélène Conway définit-elle les « Français de l'étranger » ?

Une réalité vécue par des hommes et des femmes qui font de la mobilité un choix de vie / une

communauté très modeste répartie sur les cinq continents ou toute reformulation de ce type

4 Expliquez en quoi les Français de l'étranger sont stigmatisés.

On les traite de fuyards, d'exilés / un sentiment de suspicion car ils ont osé partir.

5 Comment les autres pays voient-ils leurs expatriés ?

une reconnaissance qui date de longtemps, le rôle qu'ils peuvent jouer et l'importance d'avoir ces

communautés

6 Ce rayonnement français à l'étranger est important pour le gouvernement au niveau... *(deux réponses possibles)*
- ☒ industriel.
- ☒ économique.

7 Pour quelles raisons n'y a-t-il jamais eu de politique pour valoriser les Français de l'étranger ?

Il n'y a jamais eu de vague migratoire sortant de France / La France est un pays d'accueil.

8 Comment faire en sorte que les Français de l'étranger restent des citoyens à part entière ? *(deux réponses possibles)*
- ☒ La possibilité de voter.
- ☒ L'enregistrement à l'étranger.

9 Citez les preuves de la prise de conscience de la France concernant l'importance des communautés à l'étranger.

la représentation locale OU les conseillers consulaires / le ministère dédié aux Français de l'étranger

10 Qu'est-ce qu'Hélène Conway cherche à obtenir lors de ce colloque ?

faire mieux connaître, apprécier les Français de l'étranger, prouver qu'ils sont un atout pour la France

EXERCICE 2

1 Le logement participatif c'est...
- ☒ acheter un immeuble avec quelques amis.

2 Avec un logement participatif, de quoi peut-on décider ? *(deux réponses possibles)*
- ☒ De l'architecte.
- ☒ Des parties communes.

3 D'après Cécile Duflot, que faut-il favoriser dans le logement ?
- ☒ Une plus grande responsabilité des habitants dans leur habitat.

④ Quelles sont les conséquences du manque d'existence légale du logement participatif ? *(deux réponses possibles)*
   ☒ Les assurances refusent de couvrir l'immeuble.
   ☒ Les banques refusent de financer la construction.

⑤ La différence de prix entre un logement participatif et un logement classique correspond à la part…
   ☒ du promoteur.

◢2◣ Compréhension des écrits

A. LIRE UN TEXTE INFORMATIF

❶ Expliquez avec vos propres mots le travail de Christine Navaro.

Christine Navaro est experte en écriture, elle analyse des documents manuscrits qui sont des indices dans une enquête de justice pour trouver l'auteur du texte.

❷ Définissez un examen dit « intrasèque ».

L'examen dit « intrasèque » permet de rechercher d'éventuelles falsifications et aussi de vérifier qu'il s'agit bien d'un document écrit et non d'un collage.

❸ Qu'est-ce qui influence le temps d'analyse d'un document ?

le nombre de documents et d'écritures à authentifier, le nombre de personnes à comparer

❹ Quand est-ce qu'on considère qu'une analyse est terminée ?

quand il n'y a plus de différence significative entre deux écritures

❺ Dites si les affirmations suivantes sont vraies ou fausses en cochant la case correspondante et citez les passages du texte qui justifient votre choix.

	Vrai	Faux
Tous les documents ne sont pas adaptés à une analyse comparative. **Justification :** *« L'expert doit procéder à une étude critique des documents authentiques de comparaison afin d'être certain qu'ils sont adaptés pour effectuer une étude comparative. »*	X	
Pour analyser un document, l'expert regarde surtout les ressemblance entre deux écritures. **Justification :** *« Ce ne sont donc pas les ressemblances qui sont prises en compte. »*		X

❻ Quand est-ce qu'on parle d'écritures « déguisées » ?

Quand quelqu'un change volontairement son écriture

B. LIRE UN TEXTE ARGUMENTATIF

1 À quelle occasion le débat a-t-il été lancé ?

Le lancement de la chaîne américaine Baby First

2 Citez comment les chaînes décrivent leurs programmes.

« instrument d'éveil et source d'épanouissement chez l'enfant »

3 Expliquez le mensonge dénoncé par le CIEM.

Avant 3 ans, la télé n'est jamais éducative.

4 Donnez deux arguments contre la télévision chez les tout-petits.

influence néfaste sur l'imagination et sur le développement moteur / hyperactivité

5 Quelle mesure le Conseil supérieur de l'audiovisuel a-t-il prise ?

ces chaînes seront obligées d'informer le public sur « la nocivité de la télévision pour les moins de 3 ans »

6 Pourquoi ne pourrait-on pas interdire les chaînes pour bébés ?

Ces chaînes échappent au contrôle car elles sont émises depuis l'Angleterre.

7 Que craignent les parents ?

Ils craignent d'abuser de ces chaînes / de les utiliser en permanence.

 # Production écrite

ÉCRIT ARGUMENTÉ

Les voyages forment-ils (encore) la jeunesse ?

Madame, Monsieur,

Il y a un mois, j'ai vu votre conférence sur les voyages initiatiques. L'idée ne me quitte plus depuis. Je voudrais également en faire un et pour cela, j'aurais besoin de votre aide.

Tout d'abord, les voyages initiatiques sont l'occasion pour les jeunes de s'ouvrir au monde, de devenir une personne plus tolérante qui connaît mieux la planète sur laquelle elle vit. C'est une richesse que nous devons découvrir.

De plus, ces voyages nous font grandir. Il faut affronter les problèmes, trouver des solutions, accepter de demander de l'aide, recevoir l'aide qu'on nous donne, prendre des décisions. Ils nous rendent plus indépendants, ils sont la première étape vers la vie adulte.

J'aimerais partir en voyage initiatique en respectant la nature et en prenant le temps de faire des rencontres et de découvrir les paysages mais aussi de mieux connaître les animaux. C'est pourquoi je voudrais faire un tour d'Europe à cheval. Le cheval m'a semblé un choix évident. Je fais de l'équitation depuis longtemps, il est écologique et il m'obligerait à aller à l'encontre des personnes. Son rythme est plus rapide qu'à pied mais moins rapide qu'en voiture ou en train.

Trop de jeunes ne partent plus en voyage initiatique alors que c'était une tradition auparavant. D'une part, il est plus difficile aujourd'hui d'être logé en chemin. D'autre part, avec les nouveaux médias, nous avons peut-être déjà l'impression de connaître le monde sans avoir voyagé. Enfin, nous manquons souvent d'argent.

C'est à ce niveau-là que j'aurais besoin de votre aide. Je vous en prie, financez mon projet ! À mon retour, je pourrais faire des exposés dans les écoles et faire une exposition photo à la mairie.

Merci d'avance pour votre réponse.
Cordialement,
Lena

> **286 mots**

 # Production orale

Sujet 1 : Pour ou contre les vacances entre ados avant 15 ans

Vers l'âge de 15 ans, nous commençons à vouloir devenir plus indépendants. Beaucoup de parents sont très inquiets à ce sujet, pourtant, je ne pense pas qu'il y ait de vraies raisons de s'inquiéter.

Les parents s'inquiètent pour beaucoup de raisons, parfois pas toujours très justifiées. Ils s'inquiètent avant tout des besoins élémentaires de leurs enfants. Seront-ils en sécurité, en bonne santé et bien nourris ? Faire le trajet, faire à manger, faire la vaisselle, gérer une maladie, une blessure ou un accident… Cela demande une certaine organisation et une certaine maturité dont beaucoup de parents ne nous croient pas capables. Ils s'inquiètent aussi parce que nous ne serons pas surveillés. À notre âge, les parents nous croient capable de beaucoup de bêtises. Boire de l'alcool ou prendre des risques inutiles, par exemple.

Pourtant, il est très important pour notre développement que nos parents nous fassent confiance et que nous fassions nos propres expériences. Loin d'eux, nous devons prendre nos responsabilités et apprendre à vivre avec d'autres personnes.

Pour ce qui est de la responsabilité, nous ne ferons peut-être pas tout juste dès la première fois. À 15 ans, nous avons déjà beaucoup appris et nous aidons assez à la maison pour savoir agir correctement. Nous montrer qu'on nous fait confiance est bien plus important que les petites erreurs que nous pourrions encore faire.

L'argument est aussi valable pour les bêtises que nous pourrions faire. Nous allons certainement en faire, mais à 15 ans, nous devons tester nos limites. Nous ne prendrons pas des risques inconsidérés pour autant.

Au final, je pense que plus on nous interdit de faire des bêtises et de boire de l'alcool, plus nous serons tentés et plus ce sera extrême et dangereux. Il est certainement préférable de nous donner un espace où nous pouvons jouir d'une certaine liberté. On peut certainement imaginer des dispositifs pour rassurer les parents et les ados. En tout cas, je pense qu'il est très important que les parents donnent la possibilité à leurs enfants de faire les deux : partir en vacances avec eux et partir en vacances seuls.

Sujet 2 : Vie privée, cette forme de vie est-elle condamnée ?

Avant Internet, il était plus facile de séparer la vie privée de la vie publique, particulièrement lorsqu'on habitait dans une grande ville. Les photos personnelles restaient à la maison et on pouvait décider à qui on racontait quoi. Aujourd'hui, Internet est arrivé sur presque toute la planète et depuis quelques années, une grande majorité des personnes possèdent un compte sur un réseau social comme Facebook par exemple. C'est une révolution ! Alors, est-ce qu'Internet signifie la fin de la vie privée ?

Il est vrai qu'avec Internet et les réseaux sociaux, nous montrons plus facilement notre vie privée. Nous postons des photos sur Internet, nous racontons nos vacances, nos amitiés sont affichées clairement. D'un côté, nous pouvons contrôler une partie de ces informations en réfléchissant bien avant de les poster. D'un autre côté, nos amis, notre famille et nos connaissances postent parfois des photos ou des informations qui nous concernent sans toujours nous demander notre avis.

D'après moi, le vrai problème là-dedans, c'est qu'Internet n'oublie jamais ! Une information ou une photo postée sur Internet restera toujours accessible, même si on décide de la supprimer. En plus, cette information est accessible partout sur la planète, il est donc devenu impossible de fuir ou de se cacher. Enfin, Internet a rendu plus facile le harcèlement car les agresseurs peuvent poster des informations et des photos de façon anonyme.

En revanche, la vie privée des personnes publiques a toujours été plus médiatisée. Dans cet exemple, je pense que l'histoire aurait pu aussi être publiée sans l'aide d'Internet puisqu'elle est parue dans un magazine people. C'est le cas aussi pour les personnes qui habitent dans de petits villages. Il était déjà difficile de cacher sa vie privée avant Internet car tout le monde se connaît et s'observe.

En conclusion, je dirais qu'Internet a rendu plus difficile le respect de la vie privée même si, normalement, il reste possible de se protéger en partie. Cependant, il me semble clair qu'Internet a rendu plus facile les erreurs de jugement car nous ne sommes pas toujours conscients de l'effet d'une photo publiée sur Internet.

 Compréhension de l'oral

TRANSCRIPTION DES DOCUMENTS AUDIO

L'enregistrement comporte l'ensemble des consignes ainsi que les temps de pause entre les écoutes.
Le surveillant ne doit donc pas intervenir pendant l'écoute qui signalera la fin de l'épreuve.

DELF niveau B2 du Cadre européen commun de référence pour les langues, version scolaire et junior, épreuve orale collective.

Exercice 1

Vous allez entendre 2 fois un enregistrement sonore de 5 minutes environ.
Vous aurez tout d'abord 1 minute pour lire les questions. Puis vous écouterez une première fois l'enregistrement.
Vous aurez ensuite 3 minutes pour commencer à répondre aux questions.
Vous écouterez une deuxième fois l'enregistrement.
Vous aurez encore 5 minutes pour compléter vos réponses.
Lisez les questions.

[pause de 1 minute]

Première écoute

Pollution et santé

Présentatrice : Bonjour, Danielle Messager.
Danielle Messager : Bonjour.
Présentatrice : De plus en plus nous allons évoquer la tenue de la COP21 qui démarre, donc, fin novembre.
Danielle Messager : Conférence sur le climat, où tous les pays sont censés s'engager et trouver des solutions pour diminuer la pollution et sauver la planète et, donc, nous.
Présentatrice : Eh oui. Et donc chacun y va de ses initiatives. Comme ce colloque organisé cette semaine par l'assistance publique des hôpitaux de Paris.
Danielle Messager : Sur les liens entre qualité de l'air et santé, alors ça ne date pas d'hier, ça fait quand même plusieurs dizaines d'années que l'on a identifié l'impact sur la santé de la pollution, en terme d'asthme, d'allergies, de maladies cardio-vasculaires. Professeur Jocelyne Just, vous avez participé à ce colloque car les liens, vous les voyez directement auprès des enfants, puisque vous êtes chef de service d'allergologie pédiatrique à l'hôpital Trousseau à Paris, mais ce qui est plus récent c'est la connaissance des conséquences néfastes au quotidien.
Jocelyne Just : On a appris plus récemment que la pollution peut, même en l'absence de pic de pollution, entraîner des néo-maladies, surtout de l'asthme, des allergies, donc avoir un impact même en dehors des pics.
Danielle Messager : Alors, même en dehors des pics, ça veut dire qu'on baigne en permanence dans une pollution qui a des effets sur notre santé ?
Jocelyne Just : Complètement. Mais cette pollution a des effets sur le plan chronique, si vous voulez, donc pour montrer la relation de causes à effets, c'était compliqué. Ce qui nous a aidés à faire ce lien, ce sont des études longues, mais la réponse est positive.
Danielle Messager : Alors des effets sur la santé, des effets sur l'espérance de vie aussi, puisque néanmoins l'espérance de vie continue à grimper, même si ça commence à stagner un petit peu depuis quelques années, mais ces dernières décennies où la pollution était déjà importante, ça continuait à grimper. Est-ce qu'il y a aura, donc, une incidence sur l'espérance de vie ?
Jocelyne Just : Sur l'espérance de vie, oui, mais surtout sur la morbidité, en fait. L'impact de nouvelles maladies, l'accroissement des maladies allergiques, parce qu'il n'y a pas que l'asthme, on parle des allergies alimentaires, on parle de l'exéma.
Danielle Messager : Et vous dites de nouvelles maladies. Quelles nouvelles maladies, par exemple ?
Jocelyne Just : Les allergies, par exemple, deviennent de plus en plus sévères… enFrance.
Danielle Messager : En fait, c'est la même maladie, mais qui s'aggrave ?
Jocelyne Just : Exactement. Et l'accroissement de ces maladies continue à augmenter, notamment sur les jeunes enfants.
Danielle Messager : Vous voyez, à cause de la pollution, cet asthme arriver de plus en plus jeune ?
Jocelyne Just : Complètement. On le voit, c'est-à-dire que les mamans rapportent de façon claire. Elles disent : « J'ai pas besoin d'entendre la radio, je sais que quand il fait une crise, il va y avoir un pic de pollution et on me l'annonce à la radio quelques heures après ou quelques jours après. » Et ce qui est inquiétant, c'est chez de très jeunes enfants, chez des nourrissons.

Danielle Messager :	Alors, à partir de quelques mois ?
Jocelyne Just :	À partir de quelques mois. Les études ont montré que même in utero, l'enfant, du fait de son immaturité, est enclin à avoir des pathologies liées à la pollution que va inhaler sa maman.
Danielle Messager :	Alors, quel regard vous portez, vous, sur les préparations de cette grande conférence climatique ? Est-ce que vous dites : « Moi au poste où je suis, quand même, il serait temps de se bouger un petit peu et de prendre de vraies résolutions pour diminuer cette pollution » ?
Jocelyne Just :	On parle beaucoup, bon, de la pollution, des effets sur le changement climatique, etc. On parle peu des répercutions sur la santé. C'est-à-dire : on parle des catastrophes et c'est très important…
Danielle Messager :	On montre les glaciers qui fondent et moins les gens malades, c'est ça ?
Jocelyne Just :	Exactement. Et donc il faut que les pouvoirs publics prennent conscience qu'il existe des maladies liées à l'environnement. C'est notre mode de vie occidental qui fait que tout ça explose : le fait, notamment, que nous soyons émergés de microbes au niveau de nos muqueuses, au niveau de la peau, au niveau de nos voies aériennes qui nous protègent, et ces microbes changent parce que notre environnement change, et au lieu de nous protéger, de nous faire une immunité forte, eh bien, notre immunité devient déficitaire et émergent les allergies, l'asthme, les maladies auto-immunes.
Danielle Messager :	Bon, c'est quand même assez inquiétant, ce que vous dites là, il y a moyen, quand même, d'agir sur cet environnement pour que nous-mêmes, nos enfants, nos petits-enfants soient moins malades ?
Jocelyne Just :	Il faut vraiment que les pouvoirs publics prennent conscience qu'il y a des maladies de santé liées à l'environnement (dans la nouvelle loi santé, je n'ai pas vu apparaître ce terme, « maladie liée à l'environnement »), nommer les choses, faire le lien et après voir quelles solutions on peut apporter. Il est temps, vraiment temps.
Danielle Messager :	Alors nul doute que les attentes des résultats de cette conférence sont très importantes, affaire à suivre.
Présentatrice :	Effectivement, Danielle Messager, merci. (…)

(France Inter, 17 octobre 2015)

[pause de 3 minutes]

Deuxième écoute

[pause de 5 minutes]

Exercice 2

Vous allez entendre une seule fois un enregistrement sonore de 1 minute 30 à 2 minutes.
Vous aurez tout d'abord 1 minute pour lire les questions. Après l'enregistrement vous aurez 3 minutes pour répondre aux questions.
Répondez en cochant la bonne réponse ou en écrivant l'information demandée. Lisez maintenant les questions.

[pause de 1 minute]

Et si le guide Michelin était un guide touristique ?

Présentateur :	Nous sommes en 1946, l'émission mythique « Tribune de Paris » est consacrée à une passion française, la gastronomie, et au cours de l'émission, celui qu'on appelait le prince des gastronomes, le critique gastronomique Maurice-Edmond Saillant, plus connu sous son pseudonyme Curnonski, s'emporte.
Maurice-Edmond Saillant :	Le tourisme gastronomique, voilà semble t-il deux mots qui ne sont pas faits pour s'entendre.
Présentateur 2 :	Maurice Curnonski.
Maurice-Edmond Saillant :	Voilà cinquante ans que je me tue à dire que l'alliance du tourisme et de la gastronomie n'est possible qu'en France.
Présentateur :	Il faut dire que Curnonski sait de quoi il parle, lui qui fut à l'origine du guide Michelin, non à sa naissance, en 1900, mais en 1926, lorsque le guide devient celui que vous connaissez et dont l'édition 2015 est sortie hier, avec les meilleurs restaurants signalés par les fameuses étoiles. Et dès l'origine, le guide Michelin est un précieux compagnon de route pour tout touriste gastronome qui se respecte, même s'il ignore sans doute que si un fabriquant de pneus s'est lancé dans une telle aventure éditoriale, c'était d'abord pour pousser les gens à faire plus de kilomètres et donc à user les pneus plus vite. Mais pour tous, le guide est le gardien du temple de la gastronomie française, un temple qui doit résister à la mauvaise cuisine, thème de *L'Aile ou la Cuisse*, film de Claude Zidi en 1976.
Voix masculine :	Cherchez pas midi à quatorze heures car il y a un point sur lequel tous les Français sont d'accord, il y a la bonne bouffe et la mauvaise bouffe. Il y a Duchemin qui donne des étoiles et des fourchettes et Tricatel

Présentateur : qui sert de l'essence en guise d'apéritif.
Louis de Funès est Duchemin, c'est Michelin, et l'horrible Julien Guiomar incarne Jacques Tricatel, géant de la nourriture industrielle, allusion très claire à Jacques Borel, l'inventeur du premier restoroute en 1968. Bon, je devrais pas le dire, mais à la fin, malgré les apparences, c'est Tricatel qui gagne. Alors l'attachement français à la bonne chère est à ce point indissociable de la France qu'en 2010, entrait (pour la première fois au patrimoine immatériel de l'humanité) une gastronomie et il s'agit de la gastronomie française. Hier, pour la première fois de sa longue histoire, le guide Michelin a été présenté depuis le Quai d'Orsay, un Quai d'Orsay qui a hérité du tourisme depuis avril dernier. Alors oui, Curnonski avait raison en 1946 : « La gastronomie est bel et bien au service du tourisme français et le petit livre rouge en est son emblème. »

(France Info, 3 février 2015)

[pause de 3 minutes]

L'épreuve est terminée. Veuillez poser vos stylos.

EXERCICE 1

1 À quelle occasion cette émission a-t-elle été enregistrée ?

un colloque sur les liens entre qualité de l'air et santé

2 Quels impacts la pollution a-t-elle sur la santé ?

asthme, allergies, maladies cardio-vasculaires

3 Qui est l'invitée de l'émission ? Quel est son rôle ?

le Professeur Jocelyne Just est chef du service d'allergies pédiatriques dans un hôpital parisien

4 Quand est-ce que la pollution a un impact sur notre santé ?

tout le temps (ou toute reformulation de ce type)

5 Pourquoi est-il difficile de prouver la relation de causes à effets ?
☒ Ces maladies sont chroniques.

6 Quelles nouvelles maladies la pollution provoque-t-elle ?

ce ne sont pas de nouvelles maladies mais les mêmes maladies [qu'avant] qui s'aggravent

7 À quel stade de l'enfance peut-on constater l'apparition des premiers symptômes de ces maladies ?
☒ Avant la naissance.

8 Qu'est-ce qui est nécessaire pour que les choses changent vraiment ?

Les pouvoirs publics doivent prendre conscience qu'il existe des maladies liées à l'environnement.

9 Qu'est-ce que l'invitée attend qu'on fasse dans ce colloque ? *(deux réponses possibles)*
☒ Faire le lien.
☒ Nommer les choses.

EXERCICE 2

1 Qui est Maurice-Edmond Saillant ? *(deux réponses possibles)*
- ☒ Un critique gastronomique.
- ☒ L'un des fondateurs du guide Michelin.

2 Qu'est-ce que le guide Michelin ?
- ☒ Un guide gastronomique.

3 Le projet du guide Michelin avait pour but de…
- ☒ pousser les conducteurs à faire beaucoup de route.

4 Le film de Claude Zidi *L'Aile ou la Cuisse* traite…
- ☒ de la mauvaise cuisine.

5 En 2010, la gastronomie française est devenue…
- ☒ un patrimoine immatériel de l'humanité.

6 Maurice-Edmond Saillant disait que…
- ☒ le guide Michelin est l'emblème de la gastronomie française.

2 ▸ Compréhension des écrits

A. LIRE UN TEXTE INFORMATIF

1 Pourquoi avons-nous besoin de sucre ?

Le sucre est l'un des principaux carburants du corps. ....

2 Citez 4 conséquences sur la santé d'un excès de consommation de sucre.

Caries dentaires, obésité, diabète, maladies cardio-vasculaires et certains cancers. *(1 point pour deux bonnes*

réponses) ....

3 Quelle quantité de sucre faut-il consommer par jour ?

10% de la ration énergétique totale, soit environs 5 sucres ....

4 Dites si les affirmations suivantes sont vraies ou fausses en cochant la case correspondante et citez les passages du texte qui justifient votre choix.

	Vrai	Faux
Il faut éviter de consommer des fruits. **Justification :** *« Il n'est pas pour autant question de supprimer totalement les sucres libres de notre alimentation, notamment ceux contenus dans les fruits. »*		X
Il y a des sucres dans les pâtes, le riz et les féculents. **Justification :** *« sucres complexes, que l'on trouve dans le riz, les pâtes, les féculents. »*	X	

5 Comment les Français consomment-ils la majorité de leur sucre ?

La majorité du sucre est consommé par les Français sous forme de gâteaux industriels, sodas, céréales du petit-déjeuner, desserts lactés.

6 Donnez 2 solutions pour atteindre la consommation conseillée de sucre.

se passer de boissons sucrées et autres pâtisseries industrielles

B. LIRE UN TEXTE ARGUMENTATIF

1 Définissez une supérette d'après les caractéristiques données dans le texte.

un supermarché au centre-ville qui se limite à l'essentiel, avec des horaires étendus et une facilité d'accès

2 Donnez les quatre raisons pour lesquelles on va de plus en plus dans les supérettes.

la population vieillit / la taille des foyers diminue / on manque de temps / on va plus souvent faire les courses

3 Citez les deux arguments des Français en faveur des supérettes.

Les supérettes sont au centre-ville et donc plus faciles d'accès que les supermarchés situés en périphérie. / Les supérettes ont des horaires élargis, on peut donc y aller tard le soir, même quand on travaille longtemps.

4 Dites si les affirmations suivantes sont vraies ou fausses en cochant la case correspondante et citez les passages du texte qui justifient votre choix.

	Vrai	Faux
En moyenne, les Français dépensent de petites sommes dans les supérettes. **Justification :** « *le panier moyen avoisine seulement 9 €* »	X	
Le chiffre d'affaire des supérettes est nettement supérieur à celui des supermarchés. **Justification :** « *Le chiffre d'affaire des magasins de proximité n'augmente pas plus vite que l'ensemble de la grande distribution.* »		X

5 Quelle amélioration les Français souhaiteraient-ils apporter aux supérettes ?

un plus grand choix / une plus grande gamme de produits *(ou toute réponse de ce genre)*

Production écrite

ÉCRIT ARGUMENTÉ

Journal du lycée

Madame la Directrice,

Je vous écris au nom de la rédaction du journal du lycée pour essayer de vous convaincre de revenir sur votre décision de supprimer notre journal l'année prochaine ! Non seulement un journal du lycée est un grand avantage pour les élèves et pour le lycée, mais en plus, je peux vous proposer des solutions à vos problèmes.

Tout d'abord, grâce à ce projet, nous apprenons l'autonomie et l'esprit critique et nous nous entraînons à rédiger une argumentation construite et cohérente.

Ensuite, le journal permet de faire de la publicité pour le lycée, ce qui est un réel avantage par rapport à d'autres lycées qui n'ont pas de journal. C'est aussi un bon moyen pour vous et l'administration de communiquer des informations aux élèves et aux parents.

Enfin, il existe des solutions pour régler vos deux problèmes. Concernant le financement, nous pourrions vendre le journal à un petit prix, faire une collecte auprès des élèves et de leurs parents et enfin publier un peu de publicité pour financer l'impression du journal.

Concernant la participation des élèves, il faut recentrer le journal sur son public et toujours penser à s'adresser aux élèves. De plus, il faudrait faire plus de publicité pour le journal et le rendre accessible facilement afin d'informer le maximum d'élèves de sa publication.

Nous vous prions, Madame, de bien vouloir nous entendre et de garder le journal du lycée l'année prochaine, vous ne le regretterez pas !

Cordialement,
La rédaction du journal du lycée

> **249 mots**

 Production orale

Sujet 1 : Jeunes, un moindre accès au logement

De nos jours, les jeunes sont face à un double défi : la mobilité d'une part, l'allongement de la durée des études d'autre part. Comment faire pour relever ce double défi ?

Tout d'abord, les jeunes doivent être mobiles. Les universités de plus en plus internationales avec des programmes d'échange importants voir obligatoires (Érasmus, etc…) et les stages à l'étranger sont des points positifs importants sur le CV d'un jeune aujourd'hui.

Cependant, cette mobilité coûte cher car les jeunes ne peuvent plus vivre chez leurs parents. La question qui se pose alors est : comment payer son loyer tout en faisant des études ? Il y a bien sûr la solution des parents, mais c'est parfois difficile d'être ainsi dépendant des parents. L'autre solution serait de travailler pendant ses études, mais l'inconvénient, c'est que l'étudiant n'est plus à 100% concentré sur ses études, les études deviennent alors encore plus longues.

Vous voyez donc que ce double défi est plutôt impossible. C'est pourquoi je pense qu'il faut aider les étudiants à relever ce défi. Je vois trois solutions pour pouvoir les aider.

Premièrement, les étudiants pourraient commencer par travailler quelques temps pour économiser, ce qui leur permettrait ensuite de se concentrer sur leurs études. Cette solution a l'inconvénient de retarder le début des études, je me demande d'ailleurs combien d'étudiants commenceraient vraiment leurs études après avoir travaillé quelques années.

Deuxièmement, les banques pourraient proposer des prêts intéressants aux étudiants avec des taux très bas, proches de zéro. Ainsi, les étudiants pourraient commencer tout de suite leurs études et se concentrer dessus. Cependant, il faudra rembourser le prêt pendant de longues années après.

Troisièmement, l'état pourrait proposer des bourses et des logements sociaux plus faciles d'accès aux étudiants.

À mon avis, la meilleure solution est la troisième. Après tout, les étudiants d'aujourd'hui sont les grands de demain, il est important d'aider la génération suivante.

Sujet 2 : RockCorps « Tu donnes, tu reçois »

Les bénévoles sont de plus en plus difficiles à trouver. On ne veut plus « travailler » pour « rien ». Est-ce que ce serait alors une bonne idée de récompenser le bénévolat ? Comment trouver des bénévoles ?

RockCorps par exemple propose des places de concert aux jeunes bénévoles. D'autres leur proposent de l'argent. Mais est-ce que c'est encore du bénévolat si on est récompensé par son travail ?

Le bénévolat est un bon moyen de faire avancer la société. En effet, il y a des services qui sont nécessaires mais qui ne correspondent pas à un vrai travail car les personnes qui reçoivent ces services n'ont pas assez d'argent pour payer. Par exemple, tenir compagnie aux retraités, distribuer la nourriture d'une épicerie sociale ou encore soigner les animaux des SDF.
Malheureusement, nous sommes de plus en plus égoïstes, nous ne voyons plus la valeur du partage qui est pourtant très importante et nous ne comprenons plus pourquoi nous devrions faire un travail qui ne nous apporte « rien », ni argent ni avantage.

À mes yeux, la récompense du bénévolat devrait être le bonheur d'avoir aidé quelqu'un et de se sentir utile, rien d'autre. Récompenser les jeunes pour le bénévolat par une place de concert ou de l'argent est un très mauvais signe pour eux. On leur enseigne ainsi que chacun de leurs efforts mérite un salaire, on continue alors le cercle vicieux.

Par contre, je trouve que des solutions comme en Autriche ou en Allemagne sont beaucoup plus pertinentes.
En effet, en Autriche et en Allemagne, les garçons doivent faire un service après l'école, ils peuvent choisir entre un service militaire ou un service civil. Quand ils font un service civil, ils apprennent à donner de leur temps bénévolement en travaillant dans une structure comme une maison de retraite ou des centres pour handicapés. C'est très important pour apprendre la valeur du partage et de l'aide !

Bien sûr, il faudrait imposer ce service aux garçons comme aux filles !

 # Compréhension de l'oral

TRANSCRIPTION DES DOCUMENTS AUDIO

L'enregistrement comporte l'ensemble des consignes ainsi que les temps de pause entre les écoutes.
Le surveillant ne doit donc pas intervenir pendant l'écoute qui signalera la fin de l'épreuve.

DELF niveau B2 du Cadre européen commun de référence pour les langues, version scolaire et junior, épreuve orale collective.

Exercice 1

Vous allez entendre 2 fois un enregistrement sonore de 5 minutes environ.
Vous aurez tout d'abord 1 minute pour lire les questions. Puis vous écouterez une première fois l'enregistrement.
Vous aurez ensuite 3 minutes pour commencer à répondre aux questions.
Vous écouterez une deuxième fois l'enregistrement.
Vous aurez encore 5 minutes pour compléter vos réponses.
Lisez les questions.

[pause de 1 minute]

Première écoute

La betterave, un légume rustique anobli par Guy Martin

Présentateur : À l'ardoise aujourd'hui, un légume de saison qui divise, c'est la betterave. Alors justement, j'ai demandé à Guy Martin, le chef du « Grand Véfour » qui vient de sortir un livre consacré aux produits régionaux, de sublimer cette betterave dans une recette facile à faire ce week-end. Allez, mettons de côté tout de suite les a priori et les mauvais souvenirs pour certains d'entre nous et accueillons ce légume de saison avec tout le respect qu'on lui doit. C'est vrai, quoi, la betterave, elle ne triche pas, elle n'a pas honte de ses origines rustiques et de son petit goût terreux, des particularités, d'ailleurs, qu'elle sait adoucir par une note légèrement sucrée. Et puis, où que vous soyez, j'en suis certain, vous avez un maraîcher, un producteur de betteraves à côté de chez vous, elle est locale, la betterave. Alors tout le monde connaît la pourpre, mais la betterave existe en plusieurs coloris : il y en a de la blanche, de l'orange, de la jaune, de la marbrée rose et blanche, c'est la Chioggia. Ses formes changent aussi, il y a la crapaudine qui est allongée, la noire plate d'Égypte. Bref, vous l'avez compris, c'est le moment de redécouvrir ce légume-racine qui au passage se cuisine très facilement au four, nature, ou en croûte de sel, à l'eau ou à la vapeur pour faire des purées, des salades, ou des beaux quartiers, tiens, de betterave de toutes les couleurs assaisonnés avec une belle huile de noix et un petit peu de vinaigre. Elle adore ça, la betterave, le vinaigre. Alors pour anoblir ce légume rustique, je suis allé voir un grand chef cuisinier, c'est Guy Martin, vous le connaissez, c'est le chef du « Grand Véfour » à Paris. Il vient également de sortir un livre adapté de son émission de télévision sur TV5, *Épicerie fine*. C'est un livre paru aux éditions du Chêne, consacré aux produits régionaux, ça tombe bien. Alors, cette betterave, qu'est-ce qu'il lui trouve, Guy Martin, et comment aime t-il la cuisiner au quotidien.

Guy Martin : J'adore ce légume, j'adore la betterave, parce que, d'abord, c'est un légume de saison, qui est pas cher, qu'on trouve facilement à côté de chez nous, quelle que soit la région que l'on habite, il y a toujours des maraîchers qui font des betteraves et ce qui est intéressant, dans la betterave, c'est qu'on peut l'utiliser de différentes façons. Notamment l'hiver, faut pas hésiter dans les-pot-au-feu. Alors, si on veut pas que le pot-au-feu, que le bouillon du pot au feu soit coloré, parce que cette betterave va donner une coloration, tout simplement, on va cuire ces légumes séparément, notamment la betterave rouge et puis on va l'incorporer au dernier moment dans les légumes du-pot-au feu et, franchement, ça va apporter quelque chose, c'est bon, c'est rustique, mais en même temps, c'est notre tradition.

Présentateur : Ça rassure, la tradition ! Alors, voilà pour la version pot-au-feu. Alors, j'ai pensé à ceux d'entre vous qui veulent recevoir ce week-end et j'ai demandé à Guy Martin de réaliser une recette simple et rapide autour de notre légume de saison. Il a choisi, figurez-vous, de l'associer à un fruit de mer, de saison également, c'est la noix de Saint-Jacques, qui une fois sortie de sa coquille, va se retrouver avec des betteraves rouges et des betteraves blanches. Au passage, sachez que les noix de Saint-Jacques sont plus abordables maintenant que pendant les fêtes. Alors, de la Saint-Jacques, des betteraves rouges et blanches, Guy Martin au milieu, comment mettre les petits plats dans les grands ? Voici la réponse !

Guy Martin : Mettre les petits plats dans les grands avec la betterave, c'est d'abord avoir des produits de qualité. La betterave pourpre, je vais la presser. Alors, j'ai de la chance, moi, j'ai une centrifugeuse, donc je fais un jus de betterave avec cette belle betterave et j'ai poché dedans, juste trois minutes, mes coquilles Saint-Jacques dans ce jus de betterave. Elle va juste apporter une petite note amère, mais on va vraiment rester sur le nacré au niveau de la Saint-Jacques et ce goût de Saint-Jacques. Alors, à défaut d'avoir une centrifugeuse, il y a vraiment, notamment en bio, il y a des magasins où on peut trouver du jus de betterave qui est vraiment génial, donc on peut acheter ce jus de betterave. Les betteraves blanches, je les ai cuites séparément, tout simplement à l'eau et, étant donné que nous sommes dans un restaurant, bien voilà, je les ai taillées façon cuisinier, un petit peu carrées, et puis, à côté du fromage blanc, un bon fromage blanc. Et je vais mélanger, donc, ce persil et cette ciboulette dans mon fromage blanc. Là, j'ai un cercle, parce que je suis cuisinier, mais on peut... On n'est pas obligé.

Présentateur : Ah voilà, on a le fromage blanc aux herbes, déjà, dans le fond d'une belle assiette.

Guy Martin : Dans le fond d'une belle assiette. Dessus, je pose mes lamelles de betterave blanche, je dispose dessus ma coquille Saint-Jacques.

Présentateur : C'est un plat qui joue avec l'étonnement parce qu'on a de la betterave blanche, on se dit : Tiens, qu'est-ce que c'est ? C'est du Panais ou du navet ? Et par-dessus une noix de Saint-Jacques pourpre, qui a une couleur magnifique de betterave grâce au pochage.

Guy Martin : On peut mettre un petit peu d'huile d'olive dessus, si l'on souhaite, quelques feuilles de betterave et le tour est joué et je peux vous dire que vous allez épater vos familles, vos copains, en toute simplicité. Rapide et on peut déjeuner ou dîner avec nos copains, ça c'est quand même bien, non ?

Présentateur : Évidemment, que c'est bien ! Et en plus, c'est l'accord terre-mer parfait, ce plat. Et les feuilles de betterave, je vous rassure, ce n'est pas que pour la déco, elles se cuisinent également. Essayez, tiens, dans une salade ou juste cuites, comme des épinards, ça marche aussi. Puis, pour terminer avec la betterave, je vous propose de vous réchauffer comme on le ferait dans les pays de l'Est, en réalisant un bortsch, une soupe épaisse originaire d'Ukraine avec de la betterave, du chou, des poireaux et un bouillon de bœuf. Une dernière chose, tiens, concernant sa cuisson, cuisez-la avec la peau, elle conservera ses nutriments et elle sera plus facile à peler. Vous retrouverez la betterave, Guy Martin et ses recettes sur notre site, franceinfo.fr.

(France Info, 8 novembre 2014)

[pause de 3 minutes]

Deuxième écoute

[pause de 5 minutes]

Exercice 2

Vous allez entendre une seule fois un enregistrement sonore de 1 minute 30 à 2 minutes.
Vous aurez tout d'abord 1 minute pour lire les questions. Après l'enregistrement vous aurez 3 minutes pour répondre aux questions.
Répondez en cochant la bonne réponse ou en écrivant l'information demandée. Lisez maintenant les questions.

[pause de 1 minute]

Les nouveaux défis du commerce équitable

Présentateur : Et à sept heures et douze minutes, l'heure de la séquence Pixel du vendredi, aujourd'hui consacrée aux nouveaux défis du commerce équitable. (...) La filière se pose toujours des questions de fond comme, par exemple : faut-il investir dans la grande distribution ? C'est un web-reportage d'Alexis Morel dont voici un avant-goût.

Alexis Morel : L'équitable n'a jamais vraiment emballé les Français. Le panier moyen, ici, est de 6 € contre 35 € en Grande-Bretagne, par exemple, du coup, rendre plus accessibles les produits équitables devient nécessaire, mais faut-il pour cela s'accommoder des méthodes du commerce conventionnel ? La question se repose aujourd'hui face à une consommation de crise. Sur notre page, vous retrouverez ce débat entre *Artisans du monde*, qui refusent la grande distribution, et *Alter Eco*, cette marque présente, elle, en grande surface. Pour son directeur filière, Éric Garnier, c'est la solution pour tenter de changer les choses, grâce au volume.

Éric Garnier : On a commencé, on était une petite boutique et la principale remarque que nous faisaient les producteurs c'était : « C'est pas en achetant deux paquets de café que je vais pouvoir développer le projet social que je suis en train de mettre pour 1000-1500-2000 familles. » Donc, il y a ce premier point, ça apporte du volume, le deuxième point c'est que ça apporte une visibilité, il faut montrer le produit aux personnes, il faut faire – entre guillemets – la « rencontre » entre le produit et le consommateur, ça se fait malgré tout dans ces lieux de grande distribution et puis le troisième point, c'est peut-être aussi quelque chose de plus philosophique ou idéologique, si on veut être une alternative, on a besoin d'être au cœur d'un modèle dominant, au sein même du temple de la consommation, c'est-à-dire mettre un peu un coup de pied dans la fourmilière.

Alexis Morel : Mais ce rapprochement entre équitable et conventionnel a des conséquences : sur les consommateurs, d'abord,

des multinationales dans l'équitable, le message est un peu brouillé. Sur notre site, vous pourrez écouter Sophie Dubuisson-Quellier, cette sociologue explique que les consommateurs engagés des débuts les plus militants sont aujourd'hui les plus critiques et via Twitter, vous avez aussi exprimé votre méfiance sur la rémunération réelle des petits producteurs. (…)

(France Culture, 10 mai 2013)

[pause de 3 minutes]

L'épreuve est terminée. Veuillez poser vos stylos.

EXERCICE 1

1 Beaucoup de gens n'apprécie pas la betterave à cause… *(deux réponses possibles)*
☒ des faux a priori.
☒ des mauvais souvenirs.

2 Qui est Guy Martin ?
un chef / Le chef du « Grand Véfour »

3 Quelles couleurs peut avoir la betterave ? *(6 réponses possibles)*
pourpre, blanc, orange, jaune, marbrée rose et blanc, noir *(1 point pour 2 couleurs)*

4 Comment peut-on cuisiner la betterave ?
au four, nature, ou en croûte de sel, à l'eau ou à la vapeur

5 Quel sont les trois avantages de la betterave ?
elle est locale OU elle se trouve près de chez vous / elle n'est pas chère / elle peut s'utiliser de différentes façons

6 À quoi Guy Martin associe-t-il la betterave dans sa recette ?
au fromage blanc et aux [noix de] Saint-Jacques OU au fromage blanc et aux fruits de mer

7 Comment le client va-t-il réagir à ce plat ?
☒ Il va s'étonner.

8 Comment peut-on manger les feuilles de betterave ?
en salade ou juste cuites comme des épinards

EXERCICE 2

1 Quelle question se posent les responsables du commerce équitable ?
Au choix : Faut-il investir dans la grande distribution ? / Faut-il s'accommoder des méthodes du commerce conventionnel ? / Faut-il vendre les produits équitables en grandes surfaces ?

2 Qui est Éric Garnier ?
☒ Le directeur d'*Alter Eco*.

3 Vendre les produits équitables en grandes surfaces apporte… *(deux réponses possibles)*
☒ du volume.
☒ de la visibilité.

④ Qui est le plus critique vis-à-vis du commerce équitable aujourd'hui ?
☒ Les consommateurs du début.

⑤ Les consommateurs doutent de…
☒ la rémunération des producteurs.

❷ Compréhension des écrits

A. LIRE UN TEXTE INFORMATIF

❶ Pourquoi le récit de voyage pourrait-il être « dépassé » ?

à cause des vols low cost et de Google Earth qui permettent de voir le monde rapidement et simplement....

❷ Expliquez le terme d'« humanisme nomade ».

C'est moins un genre qu'une tradition, une manière de chercher dans l'expérience du déracinement les.......

valeurs essentielles : une universalité, un assouplissement du regard, une disponibilité à l'étrangeté...........

❸ Présentez *L'Usage du monde*. En quoi cet ouvrage est-il important ?

C'est un livre écrit par Nicolas Bouvier vers 1960 et considéré comme la bible des écrivains-voyageurs.

❹ Dites si les affirmations suivantes sont vraies ou fausses en cochant la case correspondante et citez les passages du texte qui justifient votre choix.

	Vrai	Faux
Mathias Énard, Daniel de Roulet et Christian Garcin sont les héritiers de Nicolas Bouvier. **Justification :** *« Plusieurs parutions récentes permettent de situer l'héritage de « L'Usage du monde », bible du genre. »*	X	
Olivier Salazar-Ferrer est critique littéraire. **Justification :** *« Il enseigne la littérature moderne française et francophone. »*		X

❺ En quoi Nicolas Bouvier est-il « à contre-courant » ?

Il sort le voyage du domaine de l'acquisition de connaissances, de l'enregistrement d'informations et..........

associe voyage et transformation de soi.

B. LIRE UN TEXTE ARGUMENTATIF

1 Expliquez ce que sont des « Airbnb de la restauration ».

Des particuliers monnaient leur talent culinaire en invitant des gens à manger chez eux contre une petite
somme d'argent.

2 Citez deux problèmes de ce nouveau type de restaurants « clandestins ».

Ces restaurants échappent à toute fiscalité / Ils échappent à tout contrôle d'hygiène / Ils vendent de
l'alcool sans licence / ils encouragent le travail au noir / les hôtes ne sont pas des professionnels.

3 D'après la cofondatrice de VizEat, pourquoi est-ce que ce type de restaurants n'est pas en concurrence avec la restauration traditionnelle ?

Beaucoup d'hôtes ne font pas de bénéfices avec cette activité / Un hôte reçoit en moyenne une fois par
mois, c'est une activité occasionnelle.

4 Donnez la solution proposée dans ce texte pour légaliser ce nouveau type de restaurants.

L'hôte devrait déclarer son activité en préfecture, afin qu'ensuite on soit en droit de le contrôler.

5 Dites si les affirmations suivantes sont vraies ou fausses en cochant la case correspondante et citez les passages du texte qui justifient votre choix.

	Vrai	Faux
Il n'y a pas d'inquiétudes à avoir puisque l'inscription à ces sites est extrêmement contrôlée. **Justification :** *« Il suffit de s'inscrire, de payer une contribution en ligne, sur laquelle le site prélèvera 15%, avant de passer à table. »*		X
Même le leader européen n'engrenge qu'environ 3 000 clients par mois. **Justification :** *« VizEat, qui compte plus de 3 800 hôtes dans 60 pays, dont 1 500 en France, et quelque 40 000 membres ».*		X

6 Citez les intentions du secrétariat d'État au Commerce vis-à-vis de ce nouveau mode de consommation.

accompagner son développement de manière harmonieuse avec la restauration traditionnelle

3 ▸ Production écrite

ÉCRIT ARGUMENTÉ

La nouvelle mode des services en ligne

Autrefois, lorsqu'on voulait faire un virement bancaire, on allait à la banque, on faisait la queue, on parlait avec un employé. Aujourd'hui, on va sur Internet et on fait un virement par « e-banking » en trois clics. Voilà la réalité de notre époque, on remplace le plus d'humains possibles par des machines, même dans les services à la personne. Est-ce que c'est vraiment une bonne idée ? Est-ce que c'est nécessaire ?

D'un côté, proposer des services en ligne est une évolution intéressante pour les clients. Les chats en ligne permettent au client de faire quelque chose d'autre en parallèle : c'est plus pratique que le téléphone. L'e-banking permet aux clients d'accéder à leur compte en banque de la maison et leur évite de se déplacer systématiquement.

D'un autre côté, cela pose des problèmes aux clients et il faut aussi penser aux employés et aux seniors. Des machines ne sont que des machines, c'est parfois beaucoup plus compliqué de les utiliser que de demander à un employé compétent. Pour les employés, le chat en ligne est beaucoup plus contraignant car ils doivent servir plusieurs clients à la fois. Enfin, on sait déjà qu'il y a un vrai problème de vie sociale chez les seniors. Une fois à la retraite, ils se retrouvent souvent très seuls et isolés. Les services à la personne étaient un moyen pour eux d'avoir un contact qui existe de moins en moins avec les services en ligne.

Au final, je me demande s'il ne serait pas mieux de garder un maximum d'humains dans les services à la personne. Cela ferait des emplois en plus et ce serait nettement plus agréable que le contact artificiel et froid avec un robot.

> **284 mots**

Production orale

Sujet 1 : Stress : Nos ados moins insouciants qu'avant

De nos jours, les adolescents sont bien plus stressés qu'autrefois. C'est le résultat de la pression exercée plus ou moins consciemment par les parents mais aussi celle de la société d'aujourd'hui qui se concentre surtout sur l'image. Plus d'un adolescent sur deux se sent stressé. Je me demande quelles conséquences cette pression a sur le développement des adolescents d'aujourd'hui. Quels adultes allons-nous devenir ?

Il y a tout d'abord le résultat de la pression qui nous pousse à maîtriser notre image jusqu'à l'extrême et à ne jamais montrer de faiblesse. Cette l'image de perfection que nous essayons de donner à nos amis augmente automatiquement leur propre stress vis-à-vis de leur performance et vice versa. Cela pourrait devenir un vrai problème dans notre future vie d'adulte car c'est l'échec qui permet d'apprendre et d'évoluer. Cette pression que nous ressentons nous interdit d'échouer et nous donne donc peur d'essayer. En plus, on voit déjà chez les adultes d'aujourd'hui qu'il y a de plus en plus de burn out, une maladie où le stress fatigue tellement qu'on ne peut plus le supporter.

Par ailleurs, il y a aussi l'aspect relationnel. Comme le fait justement remarquer la psychologue de cet article, la pression augmente la tension relationnelle entre les personnes. Entre les enfants et les parents, mais aussi entre les amis. Nous nous retrouvons dans une compétition permanente qui nous fait oublier les valeurs essentielles comme l'entraide et l'acceptation de l'autre.

Au final, je pense qu'il faudrait faire très attention à ne pas mettre plus de pression sur les adolescents. Ils doivent pouvoir se développer en ayant en tête qu'il faut essayer et que l'échec est une façon de s'améliorer et de grandir, et non un signe de faiblesse.

Sujet 2 : Faut-il punir ceux qui salissent l'espace public ?

Dans les lieux publics, nous trouvons souvent des détritus abandonnés dans l'herbe ou sur les trottoirs, des chewing-gums font des tâches noires sur le sol, des cigarettes traînent partout alors qu'il y a des poubelles faciles d'accès. Chez nous, c'est une habitude depuis longtemps, mais en Suisse, c'est une nouveauté qui inquiète les pouvoirs publics. La question qui se pose à mes yeux, c'est pourquoi. Pourquoi nous sentons-nous autorisés à jeter nos déchets dans les lieux publics ?

L'article de Migros Magazine nous annonce que des lieux déjà sales et la certitude que des employés municipaux vont se charger du nettoyage nous pousseraient à ce comportement inapproprié. C'est certainement une des raisons, mais, à mon avis, ce n'est pas la seule.

Je pense que la taille des grandes villes mais aussi le manque de conséquences permettent plus facilement ce comportement. En effet, dans une grande ville, nous avons moins honte de mal nous comporter car nous ne connaissons pas personnellement les passants, leur avis ne nous intéresse donc pas autant, et il est peu probable que nos amis ou notre famille apprennent ce que nous faisons. Le manque de conséquence est également très important. Si nous savons que nous ne serons pas punis et que la rue sera nettoyée par quelqu'un d'autre, quelle conséquence y a-t-il pour nous à mal se comporter ?

C'est pourquoi, je suis pour la répression de ce comportement par la punition. Cependant, je ne pense pas qu'une amende soit la bonne solution. Je pense que nous devrions obliger les personnes qui salissent les lieux publics à venir les nettoyer eux-mêmes. Il faudrait donc effectivement des employés municipaux pour surveiller la rue, mais cela montrerait à tout le monde les conséquences d'un mauvais comportement. Si des poubelles existent, nous devons les utiliser par respect pour les autres.

◆ Compréhension de l'oral

TRANSCRIPTION DES DOCUMENTS AUDIO

L'enregistrement comporte l'ensemble des consignes ainsi que les temps de pause entre les écoutes.
Le surveillant ne doit donc pas intervenir pendant l'écoute qui signalera la fin de l'épreuve.

DELF niveau B2 du Cadre européen commun de référence pour les langues, version scolaire et junior, épreuve orale collective.

Exercice 1

Vous allez entendre 2 fois un enregistrement sonore de 5 minutes environ.
Vous aurez tout d'abord 1 minute pour lire les questions. Puis vous écouterez une première fois l'enregistrement.
Vous aurez ensuite 3 minutes pour commencer à répondre aux questions.
Vous écouterez une deuxième fois l'enregistrement.
Vous aurez encore 5 minutes pour compléter vos réponses.
Lisez les questions.

[pause de 1 minute]

Première écoute

Les séries télés françaises ont-elles vraiment la cote ?

Présentateur : Excellente audience pour le premier épisode de la série *dix pour cent* hier soir sur France 2, leader avec plus de 5 millions 200 mille téléspectateurs. Voilà qui donne de l'espoir aux producteurs de séries françaises au moment où l'on annonce le retour à la télévision de séries américaines poids lourds comme *X-files* ou encore *Mc Giver*. Bonjour, Pierre Langlais.

Pierre Langlais : Bonjour.

Présentateur : Spécialiste des séries à *Télérama*. Au micro France Info d'Estelle Faure, des élèves de CM2 de l'école Paul Langevin de Saint-Ouen en Seine-Saint-Denis, Saousan, Adama, Yunus et Fahed. On commence avec toi, Yunus.

Yunus : Est-ce qu'en France, il y a plus de séries américaines qui viennent ?

Pierre Langlais : Alors oui, Yunus, c'est d'ailleurs quelque chose un peu contre-culture, puisque la télé française est celle d'Europe qui diffuse le plus de séries américaines. Les Anglais, les Italiens, les Espagnols, les Allemands diffusent avant tout leurs propres séries, puis des séries étrangères, même parfois en deuxième partie de soirée, beaucoup plus tard. La télé française est celle qui diffuse le plus de séries américaines, en tout cas pour le moment, mais ça, ça tend à changer un petit peu, les françaises prennent de plus en plus de place.

Présentateur : Allez, Yunus à nouveau.

Yunus : Est-ce qu'en Amérique, il y a plus de séries qu'en France ?

Pierre Langlais : Alors oui, il y a beaucoup plus de séries aux États-Unis. Il faut savoir que c'est une beaucoup plus grosse industrie. Il y a environ 400 séries qui tournent sur les chaînes américaines aujourd'hui, près d'une centaine neuve chaque saison, comme on dit, la saison de septembre – un peu comme l'école finalement – de septembre à juin, alors qu'à la télé française, il y a une petite cinquantaine de séries et c'est vraiment au compte-gouttes. Il faut savoir qu'aux États-Unis il y a une rentrée où il y a des séries par paquets de 2-3 chaque jour, des nouvelles séries qui arrivent tellement il y a de chaînes. Donc on n'est pas du tout sur le même nombre et sur la même importance au niveau du marché.

Présentateur : Adama, tu as une question.

Adama : Est-ce que les séries américaines gagnent plus d'argent que les séries françaises ?

Pierre Langlais : Alors je vais avoir du mal à te donner un chiffre précis, parce qu'avec tout ce que je viens de dire, évidemment, on se doute bien que les séries américaines font rentrer beaucoup plus d'argent, gagnent beaucoup plus et ça tient notamment à une chose, alors d'une part, il y a beaucoup plus de téléspectateurs aux États-Unis, c'est pas la même population qui regarde la télévision, donc il y a beaucoup plus de pubs qui coûtent beaucoup plus cher. Il faut savoir que les séries aux États-Unis, par exemple, sur les grandes chaînes, il y a 4 coupures publicitaires par épisode, alors qu'en France, il y en a une au milieu et encore, seulement sur les chaînes non publiques, TF1 et M6 notamment. Donc oui, ça rapporte beaucoup plus et, en plus, les séries américaines s'exportent massivement à travers le monde. Les séries américaines sont vues partout dans le monde, là où les françaises, c'est encore une minorité qui sont vendues à l'étranger.

Présentateur : Fahed, vas-y.

Fahed : Est-ce que les séries françaises coûtent plus cher que celles des américains ?

Pierre Langlais : Elles coûtent moins cher. En moyenne, les séries françaises les plus chères font dans les 1 million, 1,5 million par épisode, alors, sauf quand c'est ce qu'on appelle des coproductions internationales où on se met en équipe avec nos amis allemands, anglais, etc. pour produire ensemble des séries. Alors que les séries américaines, en moyenne, vont jusque 3-4 millions par épisode. Il y a même ce qu'on appelle les pilotes, les premiers épisodes, qui sont celles qui doivent vraiment mettre le paquet sur les effets spéciaux, etc. qui montent jusqu'à presque 10 millions voire plus de 10 millions de dollars par épisode. Donc, encore une fois, les américaines coûtent beaucoup plus cher que les séries françaises.

Présentateur : Yunus.

Yunus : Comment on fabrique une série ?

Pierre Langlais : Ça dépend des pays, ça dépend des chaînes, ça dépend des producteurs. Alors évidemment, ça commence toujours par un monsieur qui a une idée et qui va vendre son idée, puis qui vend un scénario, donc une histoire, et ensuite elle va être mise en scène. Mais c'est parfois quelqu'un tout seul, parfois deux personnes, parfois une équipe entière qui va écrire la série. C'est parfois un seul réalisateur et c'est parfois un réalisateur par épisode. Donc d'un pays, d'une chaîne, d'une culture à l'autre, les choses changent énormément et il y a, aujourd'hui, pas de règles universelles.

Présentateur : Saousan, on t'a pas encore entendu.

Saousan : Est-ce qu'aujourd'hui, il y a plus de séries qui durent longtemps ?

Pierre Langlais : Oui et non. C'est-à-dire qu'il y a une mode aujourd'hui dans les séries, c'est de faire des événements, comme on dit, c'est-à-dire qu'on fait des saisons très courtes. On va avoir une saison de seulement 4-5 épisodes très resserrés pour aller attirer l'audience, en disant : « Attention, vous n'allez pas voir beaucoup d'épisodes, donc autant être là. ». C'est pour ça qu'on voit plein de choses comme les anthologies, comme on appelle ça, c'est-à-dire comme *True Detectiv*, par exemple, des séries à chaque saison. Il y aura peu d'épisodes, on reprend toute l'histoire à zéro, on change les acteurs, les personnages, etc. pour attirer un nouveau public. Mais en parallèle à ce rétrécissement du nombre d'épisodes par saison, on a aussi un allongement pour la simple et bonne raison que le public est plus fidèle, sans doute, qu'à une certaine époque et donc on a des séries qui peuvent durer 10-15 ans, là où, si vous regardez bien, dans les années 60 et 70, même les plus grands cartons de l'histoire des séries, finalement, ont duré que 3 ou 4 saisons, et que les exemples de séries qui en ont duré 10, il y a une quarantaine d'années, sont extrêmement rares.

Présentateur : Yunus.

Yunus : Est-ce qu'en France il y a beaucoup de séries policières ?

Pierre Langlais : Essentiellement – j'allais dire malheureusement – il y a essentiellement des séries policières parce que c'est un genre extrêmement efficace : les gens connaissent les codes, il y a à chaque fois une intrigue, une enquête, donc le téléspectateur qui allume sa télé juste un soir, pas qui regarde régulièrement, qui allume juste une fois, il va avoir là quelque chose auquel s'accrocher. Puis évidemment, le commissariat est un endroit où on peut mettre toute la société, donc on va pouvoir raconter les histoires des riches, des pauvres, des grands, des petits, de tout le monde à la fois, à travers les enquêtes du policier. Et donc évidemment c'est très efficace. Reste que, heureusement, la télévision française se diversifie et on voit de plus en plus de séries qui se passent dans d'autres lieux, dans des cuisines, dans des hôpitaux, évidemment classique, mais dans plein d'autres lieux beaucoup plus insolites, notamment *Dix pour cent* qui se passe dans une agence d'agents d'acteurs de cinéma, qui est un milieu qui est beaucoup plus rare à la télévision.

Présentateur : Allez, la dernière pour toi, Saousan.

Saousan : Quelle est la série qui est la plus regardée par les Français ?

Pierre Langlais : Si c'est sur les audiences régulières, c'est *Profilage* sur TF1, alors il faut savoir que TF1 est la chaine qui domine les audiences, c'est Profilage qui, régulièrement, fait le plus de téléspectateurs, entre 3,5 et 4 millions de téléspectateurs, mais si on prend des séries comme *Joséphine Ange Gardien*, qui ont des épisodes de 90 minutes, qui sont plus des téléfilms et qui reviennent de manière irrégulière, c'est-à-dire qui ne sont pas des saisons avec des épisodes toutes les semaines, eh bien *Joséphine*, elle, passe largement la barre des 5 millions parce qu'elle est plus rare et elle est évidemment là depuis tellement longtemps que les téléspectateurs sont familiers.

Présentateur : Merci, Pascal Langlais, spécialiste des séries à *Télérama*. Pour s'abonner gratuitement au Podcast de France Info Junior, c'est sur franceinfo.fr.

(France Info, 15 octobre 2015)

[pause de 3 minutes]

Deuxième écoute

[pause de 5 minutes]

Exercice 2

Vous allez entendre une seule fois un enregistrement sonore de 1 minute 30 à 2 minutes.
Vous aurez tout d'abord 1 minute pour lire les questions. Après l'enregistrement vous aurez 3 minutes pour répondre aux questions.
Répondez en cochant la bonne réponse ou en écrivant l'information demandée. Lisez maintenant les questions.

[pause de 1 minute]

Balades « archi- » bien dans Paris

Cristiana : Nous allons rentrer dans le petit square Boucicault pour avoir un peu ensemble une petite introduction sur le Paris Haussmannien.

Ingrid Pohu : 7e arrondissement de Paris, à deux pas du Bon Marché, Cristiana, la guide-conférencière, donne le ton de sa balade : vivante et pédagogique.

Cristiana : Vous arrivez à voir ?

Ingrid Pohu : Avec sa tablette, l'Italienne, qui connaît Paris comme sa poche, nous montre des photos d'archives, dont une carte d'avant 1860, du temps où la capitale ne comportait que 12 arrondissements. 1852, Second Empire, Napoléon III. Le Baron Haussmann, surnommé par ses détracteurs « l'éventreur de Paris » est chargé de transformer la capitale qui présente alors un visage médiéval. Ses rues trop étroites favorisent les constructions de barricades mais aussi les épidémies, telles le choléra.

Cristiana : L'objectif, donc, d'Haussmann était de donner à tous les Parisiens de l'air et de l'eau et surtout il manquait un réseau d'égouts qui sera construit justement à cette époque là.

Ingrid Pohu : Objectif : ouvrir les grands espaces, créer des axes Nord-Sud/Est-Ouest pour que Paris devienne une capitale industrielle. Parmi les grandes percées haussmannienne, il y a celle du Boulevard Raspail.

Cristiana : Eh oui, on va voir ensemble.

Ingrid Pohu : 1866-1913, il aura fallu 47 ans au total pour en venir à bout. Le désenclavement du Boulevard Raspail qui couvre les 6e, 7e et 14e arrondissements a permis au quartier Montparnasse de devenir jusque dans les années folles l'épicentre de l'art mondial. Les peintres quittent alors Montmartre au profit de Montparnasse en raison de sa proximité avec l'École des Beaux-Arts et de loyers plus accessibles.
(…)

(France France, 23 août 2015)

[pause de 3 minutes]

L'épreuve est terminée. Veuillez poser vos stylos.

EXERCICE 1

1 En quoi les séries américaines, en France, sont-elles une contre-culture ?

La télé française est celle qui diffuse le plus de séries américaines en Europe. . . . .

2 Pourquoi les séries américaines gagnent-elles plus d'argent que les séries françaises ?
Elles ont plus… *(deux réponses possibles)*
- ☒ de publicité.
- ☒ d'exportation.

3 Quelles sont les séries qui coûtent le plus cher en Europe ?
- ☒ Les coproductions internationales.

4 Qu'est-ce qui coûte cher dans un épisode-pilote ?

Les effets spéciaux. . . . .

5 De quels facteurs dépend la création d'une série ? *(deux solutions possibles)*
- ☒ Des pays.
- ☒ Des chaînes.

6 En quoi consiste la mode des « événements » ?

Une saison très courte avec des épisodes resserrés.

7 Pourquoi, en parallèle, les séries se rallongent-elles ?

Le public est plus fidèle.

8 Qu'est-ce qui rend le genre policier très efficace ?

Le public connaît les codes. / Le commissariat montre toute la société.

9 Pour quelle raison la série *Joséphine, ange gardien* fait-elle le plus d'audience ?

Les téléspectateurs sont familiers / elle est là depuis longtemps.

EXERCICE 2

1 Cristiana est...
☒ guide-conférencière.

2 Quelle est la mission du Baron Haussmann ?
☒ Moderniser la ville.

3 Les rues trop étroites de Paris augmentent le risque de... *(deux réponses possibles)*
☒ barricades.
☒ épidémies.

4 Que manquait-il encore à Paris en 1850 ?
☒ Un réseau d'égouts.

5 Sous le Second Empire, les peintres ont préféré Montparnasse à Montmartre pour... *(deux réponses possibles)*
☒ L'École des Beaux-Arts.
☒ Les loyers moins chers.

◆2 Compréhension des écrits

A. LIRE UN TEXTE INFORMATIF

1 Pour quelles raisons est-il difficile de maintenir une relation entre les grands-parents et les petits-enfants ?

les centres d'intérêt, des contraintes géographiques, l'agenda chargé des petits-enfants

2 Donnez quatre avantages au maintien d'activités communes entre les jeunes et les grands-parents.

(4 réponses parmi :) transmettre des valeurs, perpétuer l'héritage familial, partager l'histoire de la famille,

leur expérience personnelle et les leçons tirées de leur vie

3 Donnez quatre activités communes aux jeunes et à leurs grands-parents.

cuisine, shopping, discussions, réunions familiales

④ Dites si les affirmations suivantes sont vraies ou fausses en cochant la case correspondante et citez les passages du texte qui justifient votre choix.

	Vrai	Faux
Des activités communes permettent une transmission uniquement des grands-parents aux petits-enfants. **Justification :** *« la transmission ne se fait plus aujourd'hui à sens unique, loin de là »*		X
Partir à la montagne est une bonne activité pour maintenir le lien entre grands-parents et petits-enfants. **Justification :** *« Une semaine à la montagne, un moyen pour lui de les avoir de manière privilégiée en leur faisant plaisir. »*	X	

⑤ Pourquoi les grands-parents peuvent-ils parfois souffrir de leur relation avec leurs petits-enfants ?

Ceux qui se sont beaucoup investis pendant l'enfance de leurs petits-enfants peuvent ressentir une grande souffrance quand ces derniers s'éloignent ou sont moins présents à la période de l'adolescence.

⑥ Dans quelle condition ce lien avec les petits-enfants est-il plus facile à maintenir ?

Quand les petits-enfants vivent à proximité des grands-parents.

B. LIRE UN TEXTE ARGUMENTATIF

① Quelle est la conclusion essentielle de cet article ?

l'usage des SMS par les élèves n'impacte pas leur niveau d'orthographe

② Définissez un « textisme ».

On simplifie l'orthographe d'un mot au maximum en essayant de retranscrire les sons de la façon la plus simple possible.

③ En quoi l'écriture des SMS soutient-elle l'apprentissage de l'orthographe ?

Quand on écrit des SMS, il faut écrire les petits sons que l'on entend, c'est la première composante de l'apprentissage de l'orthographe.

④ Pourquoi les textismes ne sont-ils pas une solution de facilité ?

Il y a une acquisition progressive de l'écriture phonétique.

5 Dites si les affirmations suivantes sont vraies ou fausses en cochant la case correspondante et citez les passages du texte qui justifient votre choix.

	Vrai	Faux
Quand on écrit en langage SMS, on se contente de ne plus respecter les règles. **Justification :** *« Le jeune 'écrivain' …. obéirait à d'autres règles » / « le langage contracté des SMS est devenu 'une convention d'écriture'. »*		X
Pour pouvoir faire des textismes, il faut connaître les règles de l'écriture conventionnelle. **Justification :** *« Les bons élèves en orthographe s'autoriseraient davantage à violer les règles d'orthographe parce qu'ils connaissent les règles conventionnelles.» / « il faut pour autant que les règles de l'orthographe conventionnelle soient bien acquises pour pouvoir ensuite s'en affranchir. »*	X	

6 Selon les chercheurs, quel avantage l'écriture de textos a-t-elle pour les élèves ?

C'est une occasion de pratiquer l'écrit.

3 ▶ **Production écrite**

ÉCRIT ARGUMENTÉ

Pour un menu végétarien à la cantine !

Madame, Monsieur,
Je me permets de vous écrire au nom de mes camarades végétariens. Vous avez en effet instauré récemment une nouvelle réglementation à la cantine qui les oblige à prendre de la viande contre leurs convictions.

Le végétarisme ne concerne pas le goût de la personne mais ses convictions. Ils sont contre l'idée de manger des êtres vivants. C'est tout à fait compréhensible, même si tout le monde ne partage pas leur avis. Il est donc très important de respecter les végétariens en leur donnant la possibilité d'honorer leurs convictions.

Évidemment, je comprends votre position, il est effectivement plus simple de préparer les assiettes à l'avance pour que le service soit plus rapide et moins compliqué. D'ailleurs, vous ne les obligez pas à manger la viande qui se trouve sur leurs assiettes.

Cependant, le végétarisme inclus également le jus de viande et les sauces à base de viande. À la cantine, la viande est accompagnée de jus qui coule sur les autres aliments dans l'assiette et vous la posez souvent sur un autre aliment comme la purée ou les pâtes, ce qui les empêche au final d'en manger une grande partie.

C'est pourquoi nous vous demandons de repenser votre réglementation. Vous pourrez par exemple préparer des assiettes sans viande et mettre la viande sur l'assiette pendant le service de manière à pouvoir demander à chacun ce qu'il préfère. Ou alors, vous préparez des assiettes avec et sans viande, les végétariens n'auraient plus qu'à se signaler auprès des employés de la cantine.

Vous voyez qu'il existe des solutions simples pour permettent de respecter les convictions de mes camarades. Je vous prie donc de bien vouloir changer votre réglementation.

Merci d'avance, cordialement,

Marc Martin

283 mots

Production orale

Sujet 1 : Ados : 600 millions d'euros par an dépensés sur Internet

De nos jours, l'internet et l'informatique sont devenus omniprésents. Les enfants et plus particulièrement les ados sont entourés d'Internet et de jeux vidéo en tout genre auxquels ils ont accès continuellement, mais Internet cache des dangers pour eux, surtout d'un point de vue financier. Alors, faut-il surveiller les enfants et les ados quand ils ont accès à Internet ?

Tout d'abord, il faut être bien conscient de la facilité et de la rapidité avec lesquelles les enfants et les adolescents peuvent aujourd'hui dépenser de l'argent sur Internet. Sur Amazon et plus particulièrement avec un Kindle par exemple, il suffit d'un clic, parfois même sans voir le prix de l'article, pour acheter un objet ou un livre. Mais Amazon reste une plate-forme d'achat, on y va pour acheter. Il existe également des plates-formes de jeux comme Facebook ou Steam qui permettent de dépenser de l'argent sans vraiment s'en rendre compte et qui s'ouvrent systématiquement lorsqu'on joue. Les enfants et les adolescents ne sont pas toujours conscients de ce que représentent les sommes qu'ils dépensent.

Il faudrait donc que les parents fassent très attention. Cependant, c'est difficile pour eux. Premièrement, parce qu'ils sont souvent moins compétents dans le domaine d'Internet que leurs enfants.
Deuxièmement, parce qu'ils sont souvent occupés et ne pensent pas toujours à surveiller les activités de leurs enfants à l'intérieur de la maison.
Troisièmement, beaucoup de parents font confiance aux programmes de « sécurité pour enfants » sans vraiment les tester.

Je pense donc qu'il faut que les parents, mais aussi les enfants, prennent conscience du danger. C'est aux parents de rester suffisamment compétents sur Internet pour pouvoir aider leurs enfants au moins jusqu'à ce que ceux-ci puissent faire attention eux-mêmes. Il ne faut surtout pas faire confiance à un programme pour protéger leurs enfants à leur place. Il faut aussi qu'ils apprennent à leurs enfants comment faire attention sur Internet pour éviter de grosses bêtises qui pourraient poser de vrais problèmes aux finances de la famille.

Sujet 2 : Probation, une alternative à la prison ?

Les statistiques tendent à prouver que la récidive, commettre un nouveau crime après sa sortie de prison, est importante. La peine de prison ne convainc donc pas les délinquants d'arrêter leurs activités criminelles. Certains pays ont cherché une solution et se sont tournés vers la probation. Quels sont les avantages de la probation à par rapport à la prison ?

La peine de prison sert à punir les délinquants et les criminels, mais souvent on ne les aide pas à trouver une solution aux problèmes qui les ont poussés à devenir délinquants ou criminels. Pauvreté, manque d'avenir, manque d'éducation ou de formation, il existe de nombreuses raisons pour lesquelles une personne ne parvient pas à s'intégrer dans la société. La peine de prison doit faire peur car elle nous enlève une chose essentielle, notre liberté. Aux USA, on oblige même des jeunes délinquants à visiter une prison pour les effrayer et tenter de les remettre dans le droit chemin.

La probation, au contraire, cherche à soutenir et à aider les délinquants et les criminels. Au lieu de les punir en leur enlevant une chose aussi essentielle que la liberté, on cherche à leur donner le cadre qui leur manque. On leur donne des devoirs et des obligations, travailler, faire des travaux d'intérêt général, aider une association, suivre une formation, qui leur permettent de remédier aux problèmes qui les ont poussés à entrer dans la délinquance ou la criminalité.

L'article de Phosphore ne cite aucune statistique sur les bienfaits de la probation, mais je suis persuadée pour ma part que c'est une meilleure solution que la prison car cela évite les problèmes de réinsertion après une peine.

 # Compréhension de l'oral

TRANSCRIPTION DES DOCUMENTS AUDIO

L'enregistrement comporte l'ensemble des consignes ainsi que les temps de pause entre les écoutes.
Le surveillant ne doit donc pas intervenir pendant l'écoute qui signalera la fin de l'épreuve.

DELF niveau B2 du Cadre européen commun de référence pour les langues, version scolaire et junior, épreuve orale collective.

Exercice 1

Vous allez entendre 2 fois un enregistrement sonore de 5 minutes environ.
Vous aurez tout d'abord 1 minute pour lire les questions. Puis vous écouterez une première fois l'enregistrement.
Vous aurez ensuite 3 minutes pour commencer à répondre aux questions.
Vous écouterez une deuxième fois l'enregistrement.
Vous aurez encore 5 minutes pour compléter vos réponses.
Lisez les questions.

[pause de 1 minute]

Première écoute

Combien de langues régionales compte la France ?

Présentateur : Et même pendant les vacances, ils sont là, au micro, les petits journalistes de France Info Junior. En partenariat avec *Un jour, une actu* et unjouruneactu.com. Des milliers de manifestants, samedi, à Carhaix en Bretagne, à Montpellier, Arles, Strasbourg, Bayonne ou encore Ajaccio, des manifestations pour défendre les langues régionales, le breton, l'occitan, l'alsacien, le basque ou encore le corse, alors que le Sénat s'apprête à rejeter un texte, cette charte européenne des langues régionales, un texte qui reconnaît ces langues régionales et minoritaires comme autant d'expressions de la richesse culturelle de notre pays. Bonjour, Gilles Siouffi.

Gilles Siouffi : Bonjour.

Présentateur : Spécialiste des langues, professeur à la Sorbonne, et c'est en français qu'on parle des langues régionales aujourd'hui avec Gabriel, 10 ans, et Alessio, 11 ans au micro France Info d'Estelle Faure. On commence avec toi, Gabriel.

Gabriel : Est-ce que les langues régionales, c'est comme du français mais avec différents accents ?

Gilles Siouffi : Ah non, ce sont pas des accents, ce sont de vraies langues qui, pour certaines, ressemblent au français, comme le picard par exemple. L'alsacien, ça ressemble beaucoup à de l'allemand, le corse à de l'italien, et puis il y a aussi les créoles, en Martinique, en Guadeloupe. Je ne sais pas si tu en as entendu, alors ça, c'est assez drôle parce qu'il y a des mots français qu'on reconnaît, mais c'est pas du tout fait pareil pour les règles de grammaire, par exemple.

Gabriel : Quelle est la langue régionale la plus parlée en France ?

Gilles Siouffi : Alors, la plus parlée, c'est l'alsacien. On pense qu'il y a 700 mille personnes environ qui la parlent.

Présentateur : Et si on prend l'alsacien, par exemple, est-ce que les gens qui parlent alsacien ne parlent qu'alsacien ou parlent aussi français, dans leur vie de tous les jours ?

Gilles Siouffi : C'est difficile de dire combien de gens le parlent vraiment parce qu'il y en a beaucoup qui le comprennent et qui ne le parlent pas, et beaucoup qui ne le parlent que si on le leur demande, et il y a beaucoup de gens, finalement, qui préfèrent le français dans la vie de tous les jours.

Présentateur : Alessio.

Alessio : Y a-t-il un alphabet dans chaque région ?

Gilles Siouffi : Non, c'est le même alphabet que pour le français.

Présentateur : Gabriel.

Gabriel : Est-ce que les langues régionales s'écrivent plus bizarrement que les autres ?

Gilles Siouffi : Ah oui, ça on peut le dire, parce qu'elles n'ont souvent pas d'orthographe. L'orthographe, c'est long à élaborer dans une langue, il faut qu'on ait écrit la langue très longtemps avant et puis, il faut que quelqu'un ait choisi une orthographe. Et beaucoup de langues régionales ont été surtout parlées, alors il y a plein de manières d'écrire différentes.

Gabriel : Est-ce qu'il y a des cours de langues régionales ?

Gilles Siouffi : Ah oui, beaucoup. Dans le Languedoc, par exemple, il y a des écoles qui s'appellent les calandretas, ça veut dire « petite alouette » en occitan. C'est des écoles bilingues, ça veut dire qu'on apprend les matières dans les deux langues. Ça existe depuis plus de 30 ans. Et puis il y a la même chose pour le breton, ça s'appelle les écoles Diwan, et il y a la même chose pour le Basque, pour le Catalan. Et puis après, on peut très bien prendre des cours de ces langues, au collège, au lycée, à l'université, ailleurs… Il y a des profs qui sont spécialistes.

Présentateur : Alessio.

Alessio : Y-a-t-il une langue régionale qui va disparaître ?

Gilles Siouffi : Ah, j'en ai bien peur… J'ai un collègue qui travaille sur les langues du nord de la France et il m'a expliqué qu'il y en a certaines qui ne sont plus parlées que par très peu de gens. Pour tout te dire, il y en a certaines, je savais même pas qu'elles existaient encore. En Bourgogne, par exemple, il y en a une qui s'appelle le morvandiau, c'est du Morvan. Il y en a d'autres qui s'appellent le berrichon, le poitevin. Alors là, il y a très peu de gens qui les parlent encore. Il y en a qui ont des noms très bizarres comme le yéniche, qui est une variété d'alsacien. Après, parfois, c'est difficile de savoir si ce sont vraiment des langues ou des variétés de langue. Mais oui, il y en a qui risquent de disparaître et c'est bien dommage, d'ailleurs, parce que ce qui se dit dans une langue ne se dit pas de la même manière dans une autre et c'est une richesse.

Présentateur : Est-ce qu'on peut dire finalement, Gilles Siouffi, qu'une langue, à partir du moment où elle est plus enseignée, elle est vouée à disparaître ?

Gilles Siouffi : À partir du moment où elle est plus enseignée, ça va contribuer à la fragiliser, mais il y a des langues qui ont survécu dans l'Histoire sans être réellement enseignées, ça dépend beaucoup des situations.

Présentateur : Alessio.

Alessio : Y a-t-il une langue spécifique dans un ou plusieurs villages ?

Présentateur : Des toutes petites langues régionales.

Gilles Siouffi : Ah oui, des langues vraiment du village ! Alors ça, c'est une très bonne question parce que, oui, souvent, les langues régionales sont très variables et ça, c'est une différence avec le français. Mais en Corse, par exemple, tu vas dans une vallée et puis tu vas dans une autre et là, les gens te disent « Ah mais, dans cette vallée, ils parlent pas du tout de la même manière que nous, on les comprend à peine. »

Présentateur : C'est d'autres mots.

Gilles Siouffi : À l'origine, oui, il y avait des variétés presque dans chaque village et puis, quand même, avec les contacts, avec le fait que les gens bougent, ça se rejoint. Mais par exemple, on prend… tu prends l'occitan, ou ce qu'on appelle l'occitan, mais quand on regarde de près, c'est… il y a le provençal, il y a le languedocien, il y a le gascon, ça varie beaucoup et ceux qui le parlent ne se reconnaissent pas toujours là-dedans, surtout du côté de la prononciation.

Présentateur : Allez, on termine avec toi, Gabriel.

Gabriel : Pourquoi on ne parle pas tous la même langue ?

Présentateur : Ah, vaste question !

Gilles Siouffi : Ah ça, c'est bien difficile de répondre à cette question : Pourquoi ? D'abord, on est nombreux, on est loin les uns des autres, et puis aussi, quand on parle une langue dans un village, une ville, eh bien on l'aime, cette langue, on a envie de la parler et on n'a pas envie de parler comme tout le monde. Déjà en français, il y en a qui ont envie de parler en verlan, de toutes sortes de manières différentes, et c'est ça qui est drôle et qui est intéressant. Alors, parfois, on dit que l'anglais va devenir la langue de tout le monde, mais c'est pas vrai, parce que les gens apprennent l'anglais en plus de leur langue. Alors, pour répondre à ta question, pourquoi on ne parle pas tous la même langue, j'ai envie de te dire : parce qu'on n'en a pas envie.

Présentateur : Tout simplement.

Gilles Siouffi : Tout simplement.

Présentateur : Merci, Gilles Siouffi, merci d'être venu répondre aux questions des petits journalistes de France Info Junior.

(France Info, 26 octobre 2015)

[pause de 3 minutes]

<u>Deuxième écoute</u>

[pause de 5 minutes]

Exercice 2

Vous allez entendre une seule fois un enregistrement sonore de 1 minute 30 à 2 minutes.
Vous aurez tout d'abord 1 minute pour lire les questions. Après l'enregistrement vous aurez 3 minutes pour répondre aux questions.
Répondez en cochant la bonne réponse ou en écrivant l'information demandée. Lisez maintenant les questions.

[pause de 1 minute]

Lâchez les ados cet été...

Journaliste : En ces temps de vacances, vous êtes nombreux à nous avoir posé cette question : peut-on relâcher un peu les limites de nos ados ou préados ? Vous nous dites qu'après une année plutôt bien encadrée, on pourrait peut-être accepter un peu moins de rigueur, notamment sur les sorties, l'heure du coucher ou encore un petit hamburger de temps en temps. Alors, Claude Halmos, qu'en pensez-vous ?

Claude Halmos : Si je comprends bien, nos auditeurs demandent si l'été est une bonne saison pour ouvrir la cage aux oiseaux ?

Journaliste : Bon, alors est-ce que les parents peuvent en effet lâcher sur certaines choses ?

Claude Halmos : Alors, je crois qu'il faut tout d'abord dire aux parents que leur envie de lâcher sur certaines choses est légitime, parce que mettre des limites aux enfants, c'est difficile pour les parents, on le sait. C'est un travail à plein temps, et c'est encore plus difficile avec les adolescents qui revendiquent souvent une liberté sans limite. Donc il est normal que les parents aient envie de relâcher un peu la pression, de mettre les adolescents en vacances et de se mettre eux-mêmes en vacances.

Journaliste : Oui, mais jusqu'où aller ?

Claude Halmos : Alors bien sûr, c'est toute la difficulté, parce qu'il s'agit pas de dire à un adolescent : « Voilà, pendant quinze jours, trois semaines ou un mois, tu fais ce que tu veux, on surveille plus rien. » C'est pas possible parce que... il trouverait ça sûrement formidable, mais en fait ça serait très angoissant pour lui parce que... à l'adolescence, tout bouge pour l'adolescent, son rapport à son corps, à lui-même, aux autres et les limites des parents sont un contenant, contre lequel il proteste, bien sûr, mais qui le rassure, il en a besoin. Et puis tout lâcher mettrait en cause pour lui le sens même des limites.

Journaliste : Alors pourquoi ?

Claude Halmos : Ben, parce qu'on lui expliqué depuis toujours la nécessité de respecter les limites en lui expliquant le sens et la nécessité de ces limites. Donc si tout d'un coup, on dit qu'on peut s'en passer, plus rien n'a de sens et c'est comme si on lui avait menti depuis toujours et à partir de là, bien sûr, on n'est plus du tout crédible.

Journaliste : Bon d'accord, Claude, mais comment faire ?

Claude Halmos : Je crois qu'il faut repartir du sens des limites. Exiger de savoir avec qui un adolescent sort, où il va et imposer une heure de rentrée, ça, ça change pas, parce qu'été ou pas, les dangers sont les mêmes. Mais sur l'heure du coucher, par exemple, on peut transiger. Dans l'année, si on exige une heure de coucher, c'est parce qu'un enfant ou un adolescent a besoin de sommeil et que l'école impose qu'il se lève tôt. En vacances, il y a pas d'école, donc il peut se coucher plus tard. Pour les repas, c'est pareil, il ne s'agit pas de se nourrir exclusivement de chips et de glace à la fraise, mais on peut être un peu moins rigoureux. Autrement dit, il s'agit pas d'être « cool » comme demandent les adolescents, il s'agit d'être des adultes responsables mais sensés.

Journaliste : Retrouvez-nous sur Franceinfo.fr, cliquez sur « chronique », samedi, puis « Savoir être », vous pouvez retrouver tous nos rendez-vous. Pensez également à podcaster cette chronique pour n'en rater aucune pendant vos vacances.

(France Info, 18 juillet 2015)

[pause de 3 minutes]

L'épreuve est terminée. Veuillez poser vos stylos.

EXERCICE 1

1 La charte européenne aurait reconnu les langues régionales comme...
☒ richesse du pays.

2 Quelle est la fonction de Gilles Siouffi ?

spécialiste des langues, professeur à la Sorbonne ....

3 Pourquoi le créole n'est-il pas vraiment du français ?
☒ Les règles de grammaire ne sont pas les mêmes.

4 Qu'est-ce qui rend l'écriture des langues régionales un peu « bizarre » ?

elles n'ont pas d'orthographe officielle ....

5 Qu'est-ce qu'une école bilingue ?

    ☒ Chaque matière est enseignée dans les deux langues.

6 Quelle est la cause de la disparition de certaines langues régionales ?

elles ne sont plus parlées que par très peu de gens ....

7 Que perd-on lorsqu'une langue disparaît ?

ce qui se dit dans une langue ne se dit pas de la même manière dans une autre ....

8 Quand est-ce qu'une langue est fragilisée ?

quand elle n'est plus enseignée ....

9 Pourquoi ne parle-t-on pas tous la même langue ?

on n'en a pas envie ....

EXERCICE 2

1 De qui parle-t-on ?

    ☒ Des ados et de leurs parents.

2 Pourquoi les parents voudraient-ils pouvoir mettre moins de pression aux adolescents ?

    ☒ Pour se mettre eux-mêmes en vacances.

3 Qu'est-ce qui change pour un jeune à l'adolescence ?

le rapport à son corps, à lui-même et aux autres ....

4 Pourquoi laisser une liberté totale aux adolescents serait-il angoissant pour eux-mêmes ?

    ☒ Les limites des parents les rassurent.

5 Quelle règle peut-on changer ?

    ☒ L'heure du coucher.

2 ▶ Compréhension des écrits

A. LIRE UN TEXTE INFORMATIF

1 En quoi la déclaration du PDG de Microsoft fait-elle débat ?

Il dit/déclare/affirme/.... que les femmes ne doivent pas demander d'augmentation alors que les inégalités hommes-femmes sont toujours très importantes et que la WEF considère même que l'égalité hommes-femmes serait un plus économique.

2 Donnez un exemple des actions des grandes entreprises en faveur de l'égalité hommes-femmes.

S'engager à faciliter la place des femmes au travail en signant une convention collective.

3 Expliquez le titre : « L'égalité hommes-femmes au travail sera effective en 2095 ».

L'égalité hommes-femmes ne s'améliore pas assez vite, si on continue comme aujourd'hui et qu'on n'accélère pas, il faudra attendre 81 ans pour l'atteindre, ce qui nous paraît extrêmement long.

4 Dites si les affirmations suivantes sont vraies ou fausses en cochant la case correspondante et citez les passages du texte qui justifient votre choix.

	Vrai	Faux
L'égalité avance bien dans les domaines de la santé et de l'éducation. **Justification :** *« Il y a des secteurs où les inégalités ont diminué. C'est le cas dans le milieu de la santé ou de l'éducation. »*	X	
26% des parlementaires sont des femmes. **Justification :** *« il y a maintenant 26% de parlementaires femmes en plus »*		X

5 Pourquoi est-ce qu'atteindre l'égalité entre les sexes est un enjeu économique ?

Elle ouvre l'accès complet à tous leurs talents.

6 Quels sont les pays le plus avancés en ce qui concerne l'état de l'égalité hommes-femmes dans le monde ?

Les cinq pays du nord de l'Europe, l'Islande en tête, sont les plus avancés.

B. LIRE UN TEXTE ARGUMENTATIF

1 Quelle est la base de calcul du besoin de sommeil d'un enfant ?

son âge

2 Que signifie « Des nuits comme ça, chaque adolescent en connaît. » ?

Les adolescents dorment déjà, mais quand leur téléphone vibre, sonne ou s'illumine, les adolescents ne peuvent attendre le lendemain, ils regardent immédiatement leur téléphone. Leurs nuits sont donc entrecoupées.

3 Quel risque y a-t-il pour les adolescents d'avoir des appareils électroniques dans leur chambre ?

Les adolescents avec des appareils électroniques dans leur chambre dorment en moyenne 30 minutes de moins que ceux qui n'en ont pas.

4 Citez les conséquences des écrans sur le comportement des enfants.

mauvaise concentration / mauvais développement du langage / faible niveau d'attention / mauvaise
qualité du sommeil

5 Dites si les affirmations suivantes sont vraies ou fausses en cochant la case correspondante et citez les passages du texte qui justifient votre choix.

	Vrai	Faux
La solution pour les parents serait d'interdire purement et simplement les écrans aux enfants. **Justification :** *« les parents devraient leur limiter l'utilisation des appareils dans leurs lits ou juste avant d'aller se coucher »*		X
Même si les écrans ont une place très importante dans la société d'aujourd'hui, les parents devraient essayer d'introduire petit à petit les écrans dans la vie de leurs enfants. **Justification :** *« mais les adultes peuvent les introduire de manière échelonnée dans la vie de leurs enfants afin de les protéger. »*	X	

 # **3** Production écrite

ÉCRIT ARGUMENTÉ

Les abeilles disparaissent

Mes chers concitoyens,
Vous souvenez-vous des abeilles ? Ces petits insectes jaunes qui volent de fleur en fleur ? Peut-être qu'enfant, vous ne les aimiez pas, mais aujourd'hui, il faut oublier leurs piqûres et les voir autrement car les abeilles sont la clé de notre agriculture et donc de notre système d'alimentation !

Quand elles vont de fleur en fleur, elles distribuent le pollen, elles permettent ainsi aux fruits et légumes de se reproduire et donc de produire de nouveaux fruits et légumes que nous pourrons manger. Sans elles, les scientifiques pensent que l'espèce humaine ne survivra pas plus de 4 ans. Pourquoi ? Parce que petit à petit, les plantes disparaîtraient jusqu'à ce que nous ne puissions plus nous nourrir.

Et savez-vous pourquoi les abeilles disparaissent ? Parce que nous utilisons des produits chimiques dans les champs et sur les fleurs. Vous allez peut-être me répondre : « Moi, je ne mets rien sur mes fleurs ! », mais les magasins dans lesquels vous achetez vos fleurs, eux, ont mis des produits chimiques dessus qui continuent à faire effet. Mais surtout la ville et les agriculteurs utilisent beaucoup de produits chimiques. Ce sont ces produits chimiques qui tuent les abeilles !

Pourtant, il existe des solutions ! De plus en plus de villes font le choix de ne plus utiliser de produits chimiques du tout. Les abeilles peuvent alors continuer leur travail et c'est même meilleur pour notre santé. Aucune raison de s'inquiéter, les produits chimiques ne sont pas nécessaires, il existe des équivalents naturels tout aussi efficaces.

Si vous êtes convaincus, signez cette pétition pour obliger la municipalité à s'intéresser à ce problème majeur !

> **277 mots**

◆4◆ **Production orale**

Sujet 1 : Femmes au Parlement : un équilibre imparfait

En Allemagne, le droit de vote des femmes s'est imposé dès 1918, mais en Suisse, ce droit n'a été appliqué qu'en 1971. Pendant un certain temps, on croyait que l'égalité hommes-femmes en politique se ferait automatiquement, mais aujourd'hui, nous avons réalisé que cela ne fonctionne pas. Pourquoi ? Quelles solutions existent-ils pour motiver les filles et les femmes à s'engager en politique ?

Notre société est composée de 50% d'hommes et de 50% de femmes, il semblerait donc logique de voir 50% d'hommes et 50% de femmes au Parlement. Pourtant, en Suisse, il n'y a qu'un tiers de femmes pour deux tiers d'hommes. Pire, ce chiffre n'augmente plus depuis 2011. L'une des raisons donnée par cet article est le devoir de choisir entre vie privée et engagement politique.
En Allemagne, en Autriche comme en Suisse, il est en effet difficile pour une femme de combiner les deux. Pourtant, un homme n'a pas ce problème car il n'existe aucune image du « mauvais père » comme l'image très négative de la « mère-corbeau ». Une mère doit s'occuper de ses enfants car elle est mal vue par la société si elle ne s'en occupe pas assez et il n'y a pas assez de places en écoles maternelles.

Je pense donc que, pour motiver les filles et les femmes à s'engager en politique, il faut leur prouver qu'elles ne sont plus obligées de choisir. Pour cela, il faudrait une réelle éducation à l'école pour mettre en avant les femmes politiques, mais surtout suffisamment de places en crèches et en écoles maternelles pour accueillir tous les enfants le matin mais aussi l'après-midi.

Sujet 2 : Le chiffre 2

Téléphone, ordinateur, tablette, box Internet, radioréveil, télévision, lecteur DVD, livre électronique, lave-vaisselle, lave-linge, frigo, four, micro-ondes, grille-pain, bouilloire, brosse à dent électrique, lampe restée allumée… Notre vie est pleine d'appareils électriques qui consomment beaucoup d'énergie mais rendent notre vie quotidienne plus pratique ou plus confortable.
Si nous nous inquiétons déjà de leur consommation énergétique et des solutions pour la réduire, nous oublions trop souvent qu'un appareil laissé en veille continue également à consommer. 15,5TWh par an, ce qui correspond presque à la production annuelle de deux réacteurs nucléaires. Cette image est choquante et devrait nous pousser à réagir. Mais que pouvons-nous faire exactement ?

Tout d'abord, il semble logique de dire qu'il faut à tout prix éteindre les appareils après leur utilisation. Par exemple, nous pouvons éteindre nos ordinateurs lorsque nous arrêtons de les utiliser plus de 15 minutes. Le temps que nous perdons à le rallumer n'est pas très important. Nous pouvons aussi éteindre la box Internet quand nous n'utilisons pas Internet ou au moins lorsque nous allons dormir. En plus, c'est meilleur pour la santé !

Ensuite, nous pouvons également essayer de réduire notre utilisation d'appareils électroniques et se contenter du nécessaire. Je me demande vraiment si c'est obligatoire de lire sur un livre électronique qui utilise de l'énergie électrique alors qu'un livre ne coûte plus rien après sa production.

Enfin, il est question ici de centrales nucléaires. L'énergie nucléaire est très mauvaise pour l'environnement car nous ne savons pas quoi faire des déchets radioactifs. Il faudrait donc aussi changer l'énergie nucléaire en énergie solaire ou éolienne. Ainsi, l'énergie consommée serait moins polluante pour l'environnement.

Pour conclure, je pense qu'il est vraiment temps de réagir. Si on ne le fait pas pour l'environnement, on devrait au moins le faire pour nos finances. Les solutions sont simples : éteindre ses appareils en veille, réduire le nombre d'appareils électriques et changer l'énergie nucléaire en énergie propre.

◆ Compréhension de l'oral

TRANSCRIPTION DES DOCUMENTS AUDIO

L'enregistrement comporte l'ensemble des consignes ainsi que les temps de pause entre les écoutes.
Le surveillant ne doit donc pas intervenir pendant l'écoute qui signalera la fin de l'épreuve.

DELF niveau B2 du Cadre européen commun de référence pour les langues, version scolaire et junior, épreuve orale collective.

Exercice 1

Vous allez entendre 2 fois un enregistrement sonore de 5 minutes environ.
Vous aurez tout d'abord 1 minute pour lire les questions. Puis vous écouterez une première fois l'enregistrement.
Vous aurez ensuite 3 minutes pour commencer à répondre aux questions.
Vous écouterez une deuxième fois l'enregistrement.
Vous aurez encore 5 minutes pour compléter vos réponses.
Lisez les questions.

[pause de 1 minute]

Première écoute

Dans les coulisses des négociations pour la COP21

Présentateur : Depuis plusieurs mois, mille collégiens du monde entier travaillent sur des propositions pour la planète et l'environnement, les solutions de la première génération du XXIe siècle. Ces collégiens, France Info les réunit mardi prochain à la maison de la radio à Paris et ce à trois semaines de la COP21. C'est donc l'occasion de faire le point sur l'organisation de cette grande conférence climat. Bonjour, Alix Mazouni.

Alix Mazouni : Bonjour.

Présentateur : Porte-parole du réseau Action-Climat, vous faites partie des experts climat de France Info. Au micro d'Estelle Faure à présent, Cali, Dina et Boussey : ils sont en 6ème au collège Elsa Triolet de Paris. Et on va commencer avec toi, Dina.

Dina : Est-ce qu'ils ont parlé avant la COP21 et comment ils se sont contactés ?

Alix Mazouni : Alors, les pays se parlent très, très souvent au sujet de la COP21. D'ailleurs, ils se réunissent très souvent, c'est ça, leur mode de contact. C'est des réunions de temps en temps, notamment en Allemagne, mais pas QUE en Allemagne. Et cette année, plus particulièrement, ils se sont très souvent réunis puisque, au final, à Paris en décembre, il va falloir trouver un accord extrêmement important qui nécessite qu'ils se décident enfin sur les solutions pour faire face au changement climatique.

Présentateur : Question de Cali maintenant.

Cali : Comment ça se passe pendant la réunion et vous parlez de quel sujet ?

Alix Mazouni : Pendant la COP21, les pays vont parler de beaucoup de sujets. Ils vont parler de comment on fait pour protéger la forêt, comment on fait pour développer les énergies renouvelables, comment on fait pour lutter contre la pollution des avions, des bateaux, des camions, comment on fait pour aider les pays les plus pauvres qui n'ont pas d'argent pour faire face à la crise climatique. Ils vont surtout beaucoup se disputer, je pense, pendant ces deux semaines de négociation et c'est un peu comme à l'école en fait, il y a les bons élèves, il y a les mauvais élèves, il y a les plus gros qui essayent d'écraser les plus petits et ça, ça va faire l'objet de grosses disputes pendant les deux semaines. Et heureusement, il n'y a pas que les pays qui se parlent, il y a aussi des gens comme moi. On est très, très nombreux à leur parler aussi pour essayer de trouver des solutions que EUX ne trouvent pas tout seuls.

Présentateur : Boussey, vas-y, pose ta question.

Boussey : C'est tous les présidents du monde entier qui viennent à Paris pour la COP21 ?

Alix Mazouni : C'est une grande majorité de présidents qui vont venir à Paris et c'est très important qu'ils viennent parce qu'ils jouent un rôle extrêmement essentiel pour résoudre justement les disputes entre les bons et les mauvais élèves. Et surtout on espère que ce qu'ils vont dire le premier jour de la COP21, c'est qu'ils sont prêts à tout pour résoudre la crise climatique. Et ça, ça serait bien d'ailleurs que tous les enfants du monde leur écrivent une petite lettre pour leur dire ce qu'ils attendent de la COP21.

Présentateur : On retrouve Cali.

Cali : Pourquoi négocient-ils et est-ce qu'ils ne sont pas d'accord ?

Alix Mazouni : Les pays négocient parce qu'on est face à une crise climatique tellement énorme qu'on a besoin de mettre tout le monde autour de la table pour réussir à trouver une solution. Le problème, effectivement, comme tu dis, c'est qu'ils sont pas d'accord sur les solutions qu'il va falloir apporter à cette crise climatique et surtout qui doit payer pour mettre en place les solutions. Donc on a aussi beaucoup de cancres qui dorment un peu au fond de la classe sur le radiateur et qui, eux, ne veulent rien changer, ils aiment bien le monde et ils aiment bien le polluer. Ça, c'est la grosse difficulté de la COP21 : c'est d'aller réveiller ces mauvais élèves et de les mettre au devant de la classe.

Présentateur : Alix Mazouni, porte-parole du réseau Action-Climat, toujours les questions des enfants et c'est Dina qui repose une question.

Dina : Est-ce qu'il y a un groupe qui est d'accord et un autre groupe qui n'est pas d'accord ?

Alix Mazouni : Alors, il y a un groupe de pays qui est très d'accord sur la nécessité d'avoir un accord mondial sur les changements climatiques. Pourquoi ? Parce que ce sont eux qui subissent en premier les changements climatiques, les inondations, les sécheresses, les tempêtes qui sont en train de se démultiplier. Ça, ce sont les pays les plus pauvres, les pays africains, les petites îles qui sont les premiers à dire qu'il faut un accord. Le problème, c'est tous les autres pays qui, eux, aimeraient un accord, mais un tout petit qui fait pas grand-chose et qui, finalement, resterait au fond d'un tiroir et dont on ne parlerait plus jamais. C'est contre ces pays-là qu'il faut justement se battre à la COP21.

Présentateur : Cali.

Cali : Comment font-ils pour se comprendre car ils ont une langue différente ?

Alix Mazouni : C'est une excellente question, Cali, parce qu'effectivement, le problème, c'est la langue des négociations. Et même si, officiellement, elles sont traduites dans plusieurs langues et que, souvent, on voit tous les négociateurs et les ministres avec des casques sur les oreilles pour essayer de comprendre ce qu'il se passe, la réalité, c'est que quand on ne parle pas anglais, eh bien, on n'arrive pas à suivre les négociations comme il faudrait. Et ce qu'on remarque, c'est que c'est les pays qui parlent le mieux anglais, donc, par exemple, les Américains ou les Canadiens, qui, eux, ont tendance à toujours gagner les disputes dans la négociation parce qu'elles se passent dans leur langue. Toutes les discussions de couloir, tout ce qui se fait un peu le soir, très tard, ça se passera malheureusement en anglais.

Présentateur : Une nouvelle question de Boussey.

Boussey : Est-ce que, à la COP21, les présidents arrivent avec des photos pour montrer qu'avant il y avait des arbres et maintenant il n'y a plus d'arbres, et pour se convaincre ?

Alix Mazouni : C'est une excellente idée, Boussey. Je pense que, malheureusement, non. Il y aura beaucoup de personnes, par contre, qui vont venir avec des photos et des témoignages de la crise climatique qui est déjà en train de détruire les forêts, comme tu dis, de tuer les ours polaires, qui est même en train d'affecter nous, les personnes, puisqu'il y a des gens qui perdent leur maison, leur famille, et ça, ces personnes-là, elles vont venir pour convaincre les chefs d'État, mais mieux encore, je pense que ce qu'il va falloir faire à Paris, c'est que le 29 novembre, on aille tous marcher dans les rues pour exprimer, justement, cette crise climatique et persuader et convaincre les chefs d'État qu'il faut agir. (…)

(France Info, 30 octobre 2015)

[pause de 3 minutes]

<u>Deuxième écoute</u>

[pause de 5 minutes]

Exercice 2

Vous allez entendre une seule fois un enregistrement sonore de 1 minute 30 à 2 minutes.
Vous aurez tout d'abord 1 minute pour lire les questions. Après l'enregistrement vous aurez 3 minutes pour répondre aux questions.
Répondez en cochant la bonne réponse ou en écrivant l'information demandée. Lisez maintenant les questions.

[pause de 1 minute]

L'Organisation des Nations Unies fête ses 70 ans d'existence

Présentateur : 70e anniversaire, je vous le disais, de l'Organisation des Nations Unies. Soixante-dix ans et donc un anniversaire marqué aujourd'hui à New York par un discours du Pape François devant les représentants de plus de 160 pays membres de l'ONU. L'ONU, « le machin », comme disait le général De Gaulle. Les Nations Unies, une machine imparfaite, certes, et pourtant indispensable. On va le voir avec vous, Isabelle Labeyrie, bonjour.

Isabelle Labeyrie : Bonjour.

Présentateur : Chef du service Monde de France Info. Je passe le micro à nos petits journalistes d'un jour, Emma et Noa. Ils sont en 6ème au collège Elsa Triolet de Paris. Au micro d'Estelle Faure, on commence avec toi, Noa.

Noa : Est-ce qu'il y a un chef de l'ONU ?

Isabelle Labeyrie : Alors oui, il y a un chef de l'ONU. On ne l'appelle pas chef mais secrétaire général. Il s'appelle Ban Ki-Moon, c'est un Coréen du sud, un diplomate. Son bureau est à New York aux États-Unis. Ça va faire huit ans qu'il est en place, mais dans deux ans… eh bien, les pays vont se choisir un autre secrétaire général.

Noa :	Est-ce que les présidents de chaque pays de l'ONU sont toujours d'accord ?
Isabelle Labeyrie :	(…) Pour prendre des décisions, c'est seulement un petit groupe de 5 pays, c'est ce qu'on appelle les membres permanents du conseil de sécurité. Et même à 5 seulement, ils n'arrivent pas à se mettre d'accord, parce qu'il y a la question du droit de veto. Ça veut dire que, quand l'un d'entre eux s'oppose à une décision, eh bien, on ne peut plus rien faire, ça bloque toute initiative. Et le problème, c'est que ces pays utilisent ce droit de veto parfois pour protéger leurs intérêts, à eux, ou ceux de leur allié, pas tellement pour protéger la paix. Dans l'histoire de l'ONU, ce sont surtout les États-Unis et les Russes qui ont le plus utilisé leur droit de veto.
Présentateur :	Et dans les 5, il y a la France aussi. Emma.
Emma :	Est-ce que l'ONU, ça sert à faire la paix ?
Isabelle Labeyrie :	Oui, évidemment, c'est sa mission. C'est son rôle, par exemple, de faire respecter des accords de paix qui ont été signés mais qui ont du mal à être appliqués. C'est aussi de protéger les gens qui vivent dans un pays en guerre pour qu'ils puissent rester chez eux. Ça, c'est ce que font les soldats de l'ONU - tu sais sûrement, Emma, que ça s'appelle des casques bleus. Les casques bleus ne se battent pas, ils empêchent les autres de se battre, enfin, ils essayent, parce que c'est vrai que, quand on fait le bilan des différentes opérations de la paix de l'ONU dans le monde, les bilans ne sont pas toujours très, très positifs. (…)
Présentateur :	Allez, Isabelle, une dernière question avec Emma.
Emma :	Est-ce que l'ONU, ça fonctionne encore bien comme avant ?
Isabelle Labeyrie :	Alors non, honnêtement, l'ONU ça ne fonctionne pas très bien. C'est vrai que c'est une très grosse machine qui fait travailler beaucoup de monde, mais elle a un peu de mal à obtenir des résultats, on l'a dit. C'est vrai qu'on reproche beaucoup à l'ONU de fonctionner comme il y a soixante-dix ans, sauf que le monde a beaucoup changé. Alors aujourd'hui, certains disent : il faut laisser de la place à de nouveaux pays qui sont importants et qui sont devenus de grandes puissances, comme le Brésil ou l'Inde. Or aujourd'hui, ces pays-là n'ont pas de pouvoir. Il faut leur donner du pouvoir au sein de l'ONU. (…)

(France Info, 25 septembre 2015)

[pause de 3 minutes]

L'épreuve est terminée. Veuillez poser vos stylos.

EXERCICE 1

1 Quelle est la fonction d'Alix Mazouni ?

Porte-parole du réseau Action Climat, expert climat de France Info.

2 Les pays se parlent…
☒ en réunions.

3 Pourquoi les pays doivent-ils discuter ?

Ils doivent trouver un accord.

4 De quels sujets parle-t-on à la COP21 ? *(deux réponses possibles)*
☒ Comment protéger la forêt.
☒ Comment lutter contre la pollution.

5 Pourquoi des experts sont-ils présents à la COP21 ?

Pour trouver des solutions que les pays ne trouvent pas tout seuls.

6 Quel engagement espère-t-on des pays le premier jour de la COP21 ?

Qu'ils disent qu'ils sont prêts à tout pour résoudre la crise climatique.

7 Quels pays voient la nécessité d'un accord sur les changements climatiques ?

Ceux qui subissent en premier les changements climatiques.

8 Quelles conséquences des changements climatiques connaît-on déjà ? *(deux solutions possibles)*
☒ Des inondations.
☒ Des sécheresses.

9 Que faut-il savoir faire pour pouvoir suivre les négociations ?

Parler anglais.

10 Que provoque la crise climatique ? *(deux solutions possibles)*
☒ Elle détruit les forêts.
☒ Elle tue les ours polaires.

EXERCICE 2

1 Combien de temps dure le mandat du secrétaire général de l'ONU ?
☒ 10 ans.

2 Quel obstacle y a-t-il à un accord au sein du conseil de sécurité ?
☒ Le droit de veto des membres.

3 Quelle est la mission de l'ONU ? *(deux réponses possibles)*
☒ Protéger les gens.
☒ Faire respecter des accords de paix.

4 Quel est le rôle des casques bleus ?
☒ Empêcher les gens de se battre.

5 Que reproche-t-on à l'ONU aujourd'hui ?
☒ Elle fonctionne encore comme il y a 70 ans.

2 ▶ Compréhension des écrits

A. LIRE UN TEXTE INFORMATIF

1 Expliquez en quoi Xavier Niel veut révolutionner l'enseignement supérieur.

Aucun diplôme nécessaire / école privée mais gratuite.

2 Citez les différences entre la sélection des élèves de l'école 42 et celle des autres écoles.

Tests logiques sur Internet, puis un mois d'évaluation à l'école.

3 Dites si les affirmations suivantes sont vraies ou fausses en cochant la case correspondante et citez les passages du texte qui justifient votre choix.

	Vrai	Faux
L'école 42 a beaucoup de succès. **Justification :** *« 20 000 candidats »*	X	
L'école 42 essaye de profiter du système français. **Justification :** *« donner une seconde chance aux geeks qui n'auraient pas réussi à s'adapter au moule très normatif de l'école française ».*		X
Xavier Niel est un entrepreneur prospère. **Justification :** *« l'un des entrepreneurs français les plus dynamiques du moment. »*	X	
L'équipe pédagogique est composée de spécialistes prêts à aider les élèves. **Justification :** *« Les 40 membres de l'équipe pédagogique se considèrent plus comme des soutiens que comme des enseignants. »*	X	

④ Quelles innovations venues d'Internet voyez-vous par rapport au système traditionnel ?

Apprendre seul, travail d'équipe, projets concrets, se noter entre eux / les uns les autres.

⑤ Comment l'école cherche-t-elle à garantir le confort des élèves ?

Ouverte 7/7 jours et 24/24 heures

⑥ Quel est le but de Xavier Niel ? Expliquez.

Avoir un lieu où former les développeurs passionnés et doués qui ne trouvent pas leurs places dans le système traditionnel.

B. LIRE UN TEXTE ARGUMENTATIF

① Qu'est-ce que CRISPR-Cas9 ?

Une technologie qui permet de « réécrire » l'ADN humain.

② Expliquez le paradoxe entre l'admiration et l'inquiétude des experts.

CRISPR est une innovation scientifique majeure, mais elle suscite des problèmes éthiques car elle touche la partie héréditaire du génome humain. Nous ne savons pas encore quelles conséquences cela aurait sur les générations suivantes.

③ Citez deux applications potentielles de CRISPR-Cas9.

Traiter voire guérir certaines maladies / modifier le système immunitaire.

④ Expliquez ces mots tirés du texte : « souvent présenté comme une paire de ‹ ciseaux › ».

Cet outil est très simple d'utilisation et permet de couper et de coller des séquences ADN comme on coupe et colle du papier.

⑤ Dites si les affirmations suivantes sont vraies ou fausses en cochant la case correspondante et citez les passages du texte qui justifient votre choix.

	Vrai	Faux
CRISPR-Cas9 est cher. **Justification :** *« cette nouvelle technologie [...] est peu coûteuse »*		X
Il existe déjà un cadre réglementaire pour les modifications génétiques. **Justification :** *« dans le cadre réglementaire existant pour la thérapie génique, [estiment les scientifiques qui appellent toutefois à une supervision légale et éthique plus serrée] ».*	X	

⑥ Quelle est la différence entre modifier des cellules non transmissibles et modifier des cellules héréditaires ?

La modification des cellules non transmissibles ne touche qu'une seule personne / Les cellules héréditaires vont passer à la génération suivante.

⑦ Pourquoi les inquiétudes éthiques ont-elles encore augmenté ?

Une équipe chinoise a modifié un gène dans des embryons humains, mais ont observé des mutations non attendues.

3 ▶ Production écrite

ÉCRIT ARGUMENTÉ

Le service civique

Mesdames, Messieurs,

Je souhaiterais m'engager dans un service civique dans le domaine de l'éducation. Je pense en effet que l'éducation est fondamentale pour le développement d'un pays, elle forme la nouvelle génération, les enfants d'aujourd'hui sont les adultes de demain. Il faut savoir lire, écrire et compter pour devenir ingénieur, médecin, journaliste, s'engager dans la politique ou faire du commerce. Ce sont justement ces métiers qui permettent de faire évoluer un pays. C'est pourquoi j'aimerais travailler dans une école d'un pays en voie de développement pour apprendre l'anglais, l'allemand et/ou le français à ces enfants. J'aimerais monter un projet d'échange avec l'école de mon village natal et donner à mes élèves les bases en anglais, en allemand et/ou en français pour faire des études et aider leur pays à se développer. Quand j'étais enfant, j'ai participé à un projet de ce genre avec une école du Rwanda, c'était très excitant et cela nous a appris la tolérance et l'ouverture d'esprit.

Je pense que je suis une bonne candidate pour ce projet car je suis une très bonne élève en langues, j'ai passé le DELF B2 et le TOEIC avec succès et je suis de langue maternelle allemande. D'autre part, j'ai déjà donné des cours de soutien à des élèves de primaire et j'ai même été félicitée plusieurs fois par les parents pour mon engagement et la structure de mon cours. Enfin, je suis une personne ouverte, sérieuse et souriante.
Dans l'espoir de recevoir bientôt une réponse positive de votre part, veuillez agréer, Mesdames, Messieurs, l'expression de mes salutations distinguées.

Diane Maierhofer

261 mots

4 ▶ Production orale

Sujet 1 : Attention au bavardage

Ce texte est un extrait d'un article publié sur le site apprentis-auteuil.org le 14 mai 2012 et traite du bavardage et de la capacité d'écoute des adolescents. La question centrale est : notre bavardage est-il devenu une question de société ? Pour répondre à cette question, je vous expliquerai plus en détails les conclusions de l'article, puis je vous présenterai mon opinion : d'une part, je pense que les adolescents ont vraiment un problème de concentration, d'autre part, je pense que le bavardage est tout de même une façon de communiquer que les spécialistes ne comprennent pas encore.

L'article explique qu'aujourd'hui, les adolescents ont développé la capacité d'écouter dans le bruit. Ils bavardent sans cesse. Notre société est en permanence dans l'urgence, le stress, l'immédiat. Téléphones portables et réseaux sociaux nous rendent toujours accessibles, consoles de jeux et ordinateurs nous empêchent de nous ennuyer. À la télévision et à la radio, nous entendons tout le temps des personnes qui se coupent la parole ; au restaurant, il y a toujours de la musique. Tout est fait pour nous distraire de ce que nous voulons communiquer. Au point de rendre nos mots vides de sens ?
Il y a, de mon point de vue, quelque chose de terriblement vrai : nous occupons tout le temps nos oreilles et notre tête, que ce soit avec de la musique, des vidéos sur youtube, des livres audio... Nous cherchons à occuper chaque minute, même les dix minutes de bus le matin, même le jogging du dimanche, même lorsque nous jouons sur le PC. Nous sommes collés à nos écouteurs et à notre portable. Quand nous discutons avec nos amis, nous mettons de la musique ou nous regardons quelque chose sur notre téléphone en même temps. Une oreille écoute la conversation, l'autre écoute la musique, les yeux suivent l'écran, mais notre cerveau n'est pas capable de faire plusieurs choses en même temps : Nous sommes donc à 30% avec notre ami, 30% avec la musique, 30% avec le téléphone. Nous ne faisons plus rien à 100%.

Mais comment pourrions-nous faire autrement quand c'est la société qui nous montre l'exemple ? Le soir, ma famille mange devant la télévision, si nous voulons discuter, nous discutons en regardant la télé, 50-50. Pour peu que nous regardions un débat à la télévision, nous regarderons deux ou trois personnes qui cherchent tous à parler en même temps. Alors que le format des débats d'aujourd'hui ne laisse pas le temps à une seule personne de vraiment expliquer sa pensée.

Pourtant, je pense que notre bavardage est aussi quelque chose de nouveau qui a de bons côtés. Le bavardage est rassurant, nous affirmons notre présence au milieu de tout ce bruit, nous disons à nos amis que nous sommes près d'eux. La communication ne passe pas par les mots, mais par le ton de la voix. Se taire, c'est avoir un problème. Nous communiquons aussi par ces choses que nous faisons en même temps. Quand j'écoute de la musique sur mon téléphone, je la montre à mes amis, ils apprennent à connaître mes goûts et voient mon humeur du jour. Pour nous, bavarder n'est pas malpoli, nous écoutons le prof, même lorsque nous bavardons. C'est plus fort que nous, c'est comme ça que notre génération fonctionne.

Je trouve que les ados devraient essayer d'accepter le silence. Si nous avons plus de silence, peut-être que nous aurons moins besoin de bavarder en permanence. Mais j'ai peur que le silence soit devenu quelque chose de rare, que nous ne connaissons pas, et que nous n'aimons donc pas beaucoup.

Sujet 2 : Les adolescents attentifs à leur vie privée

Ce texte est un extrait d'un article du *Monde* publié le 4 juillet 2011. Il traite des adolescents sur les réseaux sociaux et pose la question du respect de leur vie privée. L'attention que ceux-ci portent à la protection de leur vie privée sur Internet est-elle suffisante ? Je commencerai par vous présenter la situation du point de vue de cet article, puis je vous donnerai mon avis : d'abord l'importance de la protection de la vie privée, puis ce que les adolescents oublient.

Déjà 1 enfant de moins de 12 ans sur 5 possède un compte sur un réseau social, alors que cela leur est théoriquement interdit, et plus de la moitié des collégiens. La majorité de ces derniers ont pensé à changer les paramètres de confidentialité de leur compte sans pour autant savoir exactement qui a ainsi accès à leurs informations. Enfin, presque tous utilisent leur véritable identité sur internet… Les adultes, eux, pensent moins souvent à changer les paramètres de confidentialité car ils sont moins conscients que les enfants des informations ainsi mises à la disposition du grand public. Cela peut pourtant être dangereux car toutes ces informations peuvent être vues par la famille, les amis, mais aussi utilisées par des inconnus, par les employeurs, par exemple, ou même par des kidnappeurs. Particulièrement chez les enfants, il faut faire attention à ne pas donner des informations qui permettraient de prévoir quand l'enfant est seul et où il se trouve. Chez les adolescents, des informations mal choisies ouvrent aussi la porte au harcèlement et à toutes ses conséquences psychologiques.

Il me semble que la première chose à faire pour se protéger du danger est de donner un pseudonyme. Il est important de ne jamais donner son vrai nom, même au moment de l'inscription. Il vaut mieux utiliser une adresse e-mail qui ne contient pas non plus d'indication sur son identité dans la vie réelle. On conseille aussi de ne pas poster des photos sur les réseaux sociaux, ou alors des photos soigneusement choisies : Il faut à tout prix éviter des photos qui pourraient donner une mauvaise image de nous ou être utilisées contre nous. Il ne faut en aucun cas donner son numéro de téléphone ou son adresse sur les réseaux sociaux, il serait trop facile de découvrir son identité. Enfin, comme le font déjà beaucoup, il faut vérifier les paramètres de confidentialité et les modifier. Le mieux est de restreindre ses informations à ses relations directes, appelés « amis » sur Facebook.

Le vrai problème des réseaux sociaux, surtout comme Facebook, c'est que ces paramètres par défaut sont ouverts à tout le monde car les réseaux sociaux ne s'intéressent pas beaucoup à la protection de la vie privée. Pire encore, ces réseaux sociaux gagnent leur argent en vendant les informations que nous leur donnons. Elles permettent par exemple de mieux cibler notre consommation, de nous proposer des publicités qui nous parlent. En vérité, nous ne savons pas ce que les réseaux sociaux font vraiment de nos informations et à qui ils les vendent. Surtout, il n'y a qu'un pas à faire avant de vendre nos informations aux gouvernements pour mieux pouvoir nous contrôler. C'est pourquoi de plus en plus d'adolescents aujourd'hui préfèrent des réseaux sociaux plus récents qui affirment supprimer les informations après 30 secondes, même si on ne sait pas s'ils les suppriment vraiment.

De manière générale, nous essayons de nous protéger du mieux que nous pouvons, mais c'est plus facile à dire qu'à faire car la technologie évolue vite, la plupart des réseaux sociaux ne sont pas très transparents et les lois sont difficiles à appliquer au monde d'Internet.

◆ 1 Compréhension de l'oral

TRANSCRIPTION DES DOCUMENTS AUDIO

L'enregistrement comporte l'ensemble des consignes ainsi que les temps de pause entre les écoutes.
Le surveillant ne doit donc pas intervenir pendant l'écoute qui signalera la fin de l'épreuve.

DELF niveau B2 du Cadre européen commun de référence pour les langues, version scolaire et junior, épreuve orale collective.

Exercice 1

Vous allez entendre 2 fois un enregistrement sonore de 5 minutes environ.
Vous aurez tout d'abord 1 minute pour lire les questions. Puis vous écouterez une première fois l'enregistrement.
Vous aurez ensuite 3 minutes pour commencer à répondre aux questions.
Vous écouterez une deuxième fois l'enregistrement.
Vous aurez encore 5 minutes pour compléter vos réponses.
Lisez les questions.

[pause de 1 minute]

Première écoute

Antoine De Tavernost, spécialiste des youtubeurs et coproducteur de « Video City Paris »

Présentatrice : Les carnets de la création. Nous découvrons ce soir la galaxie des youtubeurs. Ils sont jeunes, ils sont créatifs, ils racontent leur histoire de leur chambre et touchent des millions de personnes. Quand cette communauté quitte la toile et se rassemble, cela donne Video City Paris, événement encore inédit en France qui se déroule les 7 et 8 novembre au parc des expositions porte de Versailles. Attention, il risque d'y avoir du monde ! Écoute et explication avec Antoine de Tavernost.

EnjoyPhoenix : Hello, tout le monde, j'espère que vous allez bien ! Aujourd'hui, comme vous avez pu le voir dans le titre, on se retrouve pour ma night-routine spéciale automne. Je trouve vraiment que j'ai une routine spécifique, que ce soit le matin ou le soir, en automne. J'ai vraiment des plats que je fais qu'en automne, des vêtements que je ne porte qu'en automne et vraiment j'avais envie de vous présenter ça, aujourd'hui. Donc si jamais cette vidéo vous plaît, n'hésitez pas à la liker pour me demander de vous faire ma morning-routine de l'automne. J'en dis pas plus et je vous retrouve juste après.

Présentatrice : Alors évidemment, EnjoyPhoenix, qu'on entend là, sait se vendre. Phénomène de grande ampleur, elle a près de deux millions d'abonnés. Elle propose, elle, des conseils beauté. Phénomène de grande ampleur, les jeunes, d'une certaine manière, se castent, ils montrent tout ce qu'ils « savent faire ». Vous organisez un événement qui essaye d'être représentatif et de montrer tous les youtubeurs français. Il y en a combien à peu près ?

Antoine de Tavernost : En nombre, à partir du moment où on peut se filmer seul et avoir deux-trois personnes qui nous regardent, on peut être considéré déjà comme youtubeur. Donc il n'y a pas de limite au nombre de personnes qui peuvent se prendre en vidéo. En revanche, on a, nous, sur le salon, rassemblé à peu près 120 youtubeurs, dont les plus gros, mais on essaye d'être représentatif de toutes les communautés différentes.

Présentatrice : Ce qui est intéressant, c'est de comprendre le phénomène et de voir aujourd'hui, même s'ils savent très bien se vendre tout seuls devant une caméra, aujourd'hui, ils font carrière. On va essayer de comprendre comment on passe d'un processus créatif à un processus de marketing généralisé.

Antoine de Tavernost : Oui, on est d'accord. En fait, au départ, ça se passe en 2008, on a les premiers youtubeurs qui apparaissent et qui se filment dans leurs chambres, sans savoir vraiment où ils vont, et qui rencontrent un public, tout de suite conquis par le fait d'avoir un accès direct aux gens. Ils se reconnaissent à travers ces personnes-là. De fil en aiguille, ils ont acquis des communautés de plus en plus importantes et derrière, ils ont réussi à monétiser ces communautés. Sauf que la monétisation n'était pas une fin en soi. C'est comme ça qu'ils y sont arrivés. Ensuite, derrière, toute la difficulté pour eux, c'est de garder cette créativité et de garder le lien avec cette communauté. Nous, ce qu'on a voulu faire, en tout cas avec cet événement, c'est rassembler les gens et leur donner un accès direct à ces youtubeurs, en gardant cet esprit vraiment direct.

Présentatrice : Alors, ils sont très sollicités par les marques ?

Antoine de Tavernost : Beaucoup.

Présentatrice :	Ou par les manageurs de spectacles, parce que, quand on a 8 mille abonnés et qu'on propose un spectacle, eh bien, c'est sold out, comme on dit, tout de suite. Alors, il y a des styles différents ?
Antoine de Tavernost :	Oui. En fait, Youtube et les autres plates-formes de vidéos sont organisées par thématiques. Donc on a humour, qui est la thématique la plus importante, beauté, musique, cinéma, enfin, on a toutes les communautés, même la cuisine qui est représentée. Nous, on essaye de représenter ces communautés sur un aspect physique. (…)
Présentatrice :	Quel est, parmi vous, le plus original qu'il faudrait retenir ? Et je veux une réponse ! Je sais bien que vous êtes un médiateur, faut pas…
Antoine de Tavernost :	C'est très compliqué…
Présentatrice :	Mais la tendance la plus récente dans ce phénomène qui existe depuis déjà plus de cinq ans.
Antoine de Tavernost :	En fait, ils poussent la créativité toujours plus loin. Donc la tendance la plus récente, c'est d'essayer de, finalement, rester le plus simple possible, ne pas être adossé à des marques, ne pas rentrer dans ce marketing de masse. Donc moi, si je peux vous dire mon préféré, c'est… je vous dirais Norman parce que c'est celui qui a lancé définitivement ce mouvement, qui est encore incompris du grand public.
Présentatrice :	6 millions 400 mille abonnés, Norman.
Antoine de Tavernost :	Oui.
Présentatrice :	Eh bien, il a encore un riche avenir devant lui.
Antoine de Tavernost :	On espère.
Présentatrice :	Antoine de Tavernost, merci beaucoup. Video City Paris, c'est les… ben ce week-end, 7 et 8 novembre au parc des expositions, porte de Versailles, renseignements, infos sur la page des carnets de la création, France culture. (…)

(France culture, 05 novembre 2015)

[pause de 3 minutes]

Deuxième écoute

[pause de 5 minutes]

Exercice 2

Vous allez entendre une seule fois un enregistrement sonore de 1 minute 30 à 2 minutes.
Vous aurez tout d'abord 1 minute pour lire les questions. Après l'enregistrement vous aurez 3 minutes pour répondre aux questions.
Répondez en cochant la bonne réponse ou en écrivant l'information demandée. Lisez maintenant les questions.

[pause de 1 minute]

Assistants virtuels

Imaginez un logiciel de messagerie qui comprend les messages que vous recevez et qui vous aide à y répondre… C'est l'idée du système Smart Reply (réponse intelligente) de Google. Par exemple, vous recevez un e-mail qui vous demande « Où en sont tes projets pour les vacances ? ». Automatiquement, le programme propose alors trois réponses au choix : « Je n'ai rien prévu. », « Je viens de te les envoyer. » ou encore « J'y travaille. ». Il suffit de cliquer sur l'une des trois réponses et de l'expédier à votre correspondant.

Smart Reply est disponible pour l'instant uniquement en anglais avec InBox, une variante de la messagerie Gmail. Un service est destiné, par exemple, à ceux qui reçoivent des dizaines de messages par jour, surtout en déplacement avec un mobile, des messages qui nécessitent le plus souvent des réponses simples. Évidemment, il est possible de compléter la réponse avec des phrases supplémentaires, si besoin.

C'est donc assez impressionnant. Comment ça marche ? Eh bien, c'est ce que l'on appelle du « machine learning », de l'auto-apprentissage. Des réseaux neuronaux artificiels analysent les conversations et détectent les mots-clés pour tenter d'en comprendre le sens. Enfin, « comprendre », façon de parler, du point de vue de l'ordinateur. Le programme propose alors des réponses adéquates. Il est même censé s'adapter au ton de la discussion (par exemple si c'est un message plutôt amical ou plutôt formel, etc.). Et tout cela est automatique, sans la moindre intervention humaine.

Bon, il faut dire que ce n'est pas exactement une première pour autant. L'Apple Watch permet aussi de répondre à des messages un petit peu de la même manière. Exemple : un ami vous envoie une demande par SMS « Est-ce que tu veux une pizza au jambon ou au fromage ? », eh bien, la montre permet – en théorie – de répondre d'un seul clic : « jambon », « fromage » ou « les deux ». Le problème, c'est que cela ne marche pas vraiment à tous les coups…

En tout cas, ce qui est certain, c'est que les outils high-tech sont en train d'apprendre à lire dans nos pensées. Enfin, disons que les entreprises du numérique misent de plus en plus sur l'intelligence artificielle qui est présentée comme l'évolution future des outils de communication. Tout le monde s'y met : Google, Apple avec Siri mais aussi Microsoft avec Cortana, Amazon ou encore Facebook. (…)

(France Info, 5 novembre 2015)

[pause de 3 minutes]

L'épreuve est terminée. Veuillez poser vos stylos.

EXERCICE 1

① Qu'est-ce qu'un youtubeur ?

un jeune créatif qui raconte son histoire sur une plateforme en ligne

② À quoi est due la réussite d'EnjoyPhoenix ?

Elle sait se vendre.

③ Quel contenu propose EnjoyPhonix ?

des conseils (de) beauté

④ Les jeunes cherchent à montrer qu'ils…
☒ savent faire leur présentation.

⑤ Dans quel but organise-t-on un événement tel que Video City Paris ?

pour montrer tous les youtubeurs français / pour être représentatif de toutes les communautés

⑥ On est considéré comme youtubeur quand on… *(deux réponses possibles)*
☒ se filme seul.
☒ a quelques spectateurs.

⑦ Pourquoi ce nouveau phénomène a-t-il plu au public ?

parce qu'on a un accès direct aux youtubeurs / parce qu'on se reconnaît à travers ces personnes-là

⑧ Quelles difficultés les youtubeurs rencontrent-ils ? *(deux réponses possibles)*
☒ Garder leur créativité.
☒ Garder le lien avec leur communauté.

⑨ Quelle est la dernière tendance sur Youtube ?

rester le plus simple possible / ne pas rentrer dans le marketing de masse

⑩ Pourquoi Norman est-il le préféré d'Antoine de Tavernost ?

parce qu'il a lancé le mouvement et le mouvement reste un phénomène très suivi par ses nombreux abonnés

EXERCICE 2

1 À quoi sert le système Smart Reply ?
☒ À répondre rapidement à des messages.

2 À qui est destiné le système Smart Reply ? *(deux réponses possibles)*
Aux personnes qui…
☒ utilisent surtout un mobile.
☒ reçoivent beaucoup de messages.

3 Grâce à quoi fonctionne l'auto-apprentissage ?
☒ À des réseaux de neurones artificiels.

4 Le système est sensé s'adapter…
☒ au ton de la conversation.

5 À l'avenir, quelle évolution va modifier les outils de communication ?
☒ L'intelligence artificielle.

2 ◆ Compréhension des écrits

A. LIRE UN TEXTE INFORMATIF

1 Pourquoi une grande partie de notre nourriture dépend-elle de l'abeille ?

L'abeille est le pollinisateur agricole le plus important de notre planète.

2 Citez les symptômes de l'effondrement des colonies d'abeilles.

Les ruches sont désertes, il y a bien une reine, quelques larves et quelques ouvrières affaiblies mais le reste de la colonie a disparu mystérieusement.

3 Comment la disparition des abeilles a-t-elle commencé ?

En manque d'abeilles en 2005, les apiculteurs en importent en masse d'Australie et jouent aux apprentis sorciers.

4 Dites si les affirmations suivantes sont vraies ou fausses en cochant la case correspondante et citez les passages du texte qui justifient votre choix.

	Vrai	Faux
Quand le syndrome d'effondrement de colonies apparaît, on trouve des dizaines d'abeilles mortes autour de la ruche. **Justification :** *« À l'extérieur, pas de cadavres. »*		X
Le marché des amandes est un marché important en Californie. **Justification :** *« …les gigantesques champs d'amandiers de Californie, dont le poids dans l'économie locale entraîne les agriculteurs dans une perpétuelle fuite… »*	X	

5 Quels sont les facteurs qui provoquent le syndrome d'effondrement des abeilles ?

les pesticides, des champignons, des virus

B. LIRE UN TEXTE ARGUMENTATIF

❶ Décrivez le nouveau rapport des jeunes à la politique.

Ils se réapproprient les outils de l'expression démocratique pour intervenir et être présents dans le débat public, ils alternent participation et retrait, ils n'ont plus la même fidélité partisane que leurs parents.

❷ Expliquez la différence entre les jeunes et les autres classes d'âges.

Les jeunes ont accès à plus d'informations, ils sont plus disponibles pour la protestation et la dérision et ils n'ont plus la même fidélité partisane que leurs parents.

❸ Pourquoi les jeunes attendent-ils une plus grande transparence ?

À cause d'Internet.

❹ Expliquez la crainte des jeunes.

Cette crainte vient du contexte actuel, la crise et le sentiment qu'ils auront moins bien que leurs aînés.

❺ Quel message les jeunes veulent-ils faire passer en s'abstenant de voter ?

la défiance, la protestation et le mécontentement

❻ Dites si les affirmations suivantes sont vraies ou fausses en cochant la case correspondante et citez les passages du texte qui justifient votre choix.

	Vrai	Faux
C'est la famille qui transmet les valeurs, mais pas les convictions profondes qu'on se forge plutôt par l'expérience tout au long de sa vie. **Justification :** *« valeurs, des convictions profondes, et des représentations (…), tout cela s'acquiert dans une large mesure dans l'entourage familial »*		X
C'est avec leurs amis que les jeunes construisent leur comportement politique. **Justification :** *« les comportements politiques, (…) se forgent davantage dans la socialisation avec les pairs. »*	X	

3 Production écrite

ÉCRIT ARGUMENTÉ

Argent ou bonheur ?

Madame, Monsieur,

Pour moi, comme pour mes parents, le travail est un élément nécessaire et vital de la vie. Est-ce que notre perception du travail a changé à par rapport à celle de nos parents ?

Tout d'abord, le travail permet de faire des rencontres, de s'épanouir et d'être utile à la société. On peut fabriquer de la farine, du pain, cultiver des légumes, enseigner aux enfants ou faire de l'art, c'est utile à la société. Je pense que cela devrait toujours être le premier critère pour choisir un travail.

Ensuite, il y a des emplois qui ne sont pas du tout nécessaires à la société, où on ne se sent pas utile. Ne pas se sentir utile, c'est très frustrant, je ne pense pas que ça soit bon pour l'équilibre d'une personne d'avoir un travail où elle se sent inutile, même si ce travail est essentiel en réalité.

En outre, je pense qu'il est important que le travail me permette de me sentir bien, de m'épanouir, de me développer. Mais qu'est-ce que ça veut dire, « s'épanouir » ? C'est plus important pour moi de vivre dans une ville dynamique que de pouvoir évoluer dans mon travail. Mes parents, eux, ont toujours préféré la qualité du travail à la ville où ils vivent. Ça aussi, c'est une question de génération.

Enfin, je pense que le critère du salaire ne devrait pas être complètement oublié. L'important, pour moi, c'est que mon travail soit considéré, qu'on me respecte pour mes compétences et le temps que je passe à faire du bon travail. C'est pour ça que j'aimerais être payé correctement.

En conclusion, je pense que les critères entre notre génération et celle de nos parents sont les mêmes, il n'y a que l'ordre des priorités qui changent, c'est naturel.

J'espère que j'ai bien répondu à vos questions.
Cordialement,
Camille

308 mots

4 ◆ Production orale

Sujet 1 : Les adolescents ont une activité physique insuffisante

Face à la tentation des écrans, télés, ordinateurs, smartphones, les adolescents bougent de moins en moins. C'est un fait que je constate également dans ma vie et dans celle de mes amis. Quand nous sortons de l'école et que nous avons enfin terminé nos devoirs, nous voulons nous vider la tête. Entre un jeu vidéo ou une heure de sport, notre choix se porte tout naturellement sur le jeu vidéo. Pourquoi ? C'est difficile à dire.

Je pense que, d'une part, l'humain est assez paresseux. Si nous pouvons éviter de bouger, pourquoi s'y obliger ? Comme on ne s'ennuie jamais avec un écran, on ne voit plus l'intérêt de bouger, ne serait-ce que pour se déplacer.

D'autre part, je pense que socialement, aujourd'hui, le jeu vidéo est mieux perçu que le sport. Quand nous nous retrouvons avec mes amis, nous jouons aux jeux vidéo, alors que nos parents se rencontraient pour jouer au foot ou au squash. Il n'y a plus de discussion sans smartphones, ils sont partout, tout le temps, nous nous montrons des vidéos drôles ou intéressantes, nos scores dans les jeux vidéo, des photos ou des vidéos de notre vie quotidienne.

Enfin, je comprends très bien que cela inquiète la médecine car notre tendance à ne plus bouger autant augmente l'obésité, mais aussi le stress et la fainéantise. C'est vrai, après tout, moins on bouge, moins on a envie de bouger. C'est un cercle vicieux ! En plus, le sport permet de garder la ligne, mais aussi d'évacuer les tensions et de produire l'hormone du bonheur. Les jeux vidéo, au contraire, rendent bête et irritable car ils empêchent le corps de ressentir la fatigue.

Malgré tout, je sais que quand on doit choisir, on choisit quand même le jeu vidéo. C'est bête, mais c'est difficile d'aller contre ce cercle vicieux une fois qu'il a commencé ! C'est pourquoi je pense qu'il faut empêcher les enfants d'arrêter de bouger.

Sujet 2 : Faut-il être beau pour être aimé ?

Dans l'amour, tout le monde est d'accord qu'il y a deux choses qui comptent : la beauté extérieure et la beauté intérieure. Quand on ne correspond pas aux canons de beauté, on a parfois l'impression aujourd'hui qu'on ne pourra pas être aimé, que la beauté extérieure est primordiale. Est-ce vrai ?

La beauté extérieure, c'est le physique, la taille, le poids, le visage, les yeux. Chacun a des « critères ». Celle-ci préfère les bruns, celui-là les petites ou encore les yeux bleus. Mais finalement, quand l'amour arrive, ces critères ne sont plus la priorité numéro 1 car l'amour ne se base pas seulement sur le physique, bien que cela joue un grand rôle.

L'amour se base aussi sur la beauté intérieure, le caractère, les hobbies, l'humour, la gentillesse… À mon avis, c'est ce qui compte plus que la beauté extérieure. C'est évident qu'on va d'abord voir l'extérieur, mais il ne faut pas s'arrêter à ça car une personne peut être très belle et être insupportable au quotidien. Alors, quand je tombe amoureuse et quand je veux passer beaucoup de temps avec cette personne, je préfère qu'elle ait un caractère agréable.

Le vrai problème, c'est que la société, elle, n'accepte qu'une seule beauté. À chaque époque, il y avait un canon de beauté différent qui influençait beaucoup les gens. Aujourd'hui, par exemple, être rond est un problème, la société nous dit que ce n'est pas beau, mais autrefois, c'était au contraire un signe de bonne santé.

Au final, la beauté, c'est quelque chose de très subjectif. Je suis toujours étonnée d'entendre mes amis qualifier celle-ci ou celui-là de beau, alors que moi, je ne les trouve pas vraiment beaux. « À chacun ses goûts », dit le proverbe. Il faut être beau pour être aimé, mais on est toujours beau pour quelqu'un.